LE POUVOIR GUÉRISSEUR DES LIMITES

Foi, Amour et Vérité pour des Relations Saines, Sans Se Perdre

Dr Jean Héder Petit-Frère

LE POUVOIR GUÉRISSEUR DES LIMITES

Amour, foi et vérité pour des relations saines sans se perdre

Copyright © 2025 par Dr Jean Héder Petit-Frère

Tous droits réservés.
Aucune partie de cette publication ne peut être reproduite, stockée dans un système de recherche documentaire ou transmise sous quelque forme ou par quelque moyen que ce soit — électronique, mécanique, photocopie, enregistrement ou autre — sans l'autorisation écrite préalable de l'auteur, sauf dans le cas de brèves citations incluses dans des articles ou des comptes rendus critiques.

Sauf indication contraire, toutes les citations bibliques sont tirées de la version New King James®, copyright © 1982 par Thomas Nelson. Utilisées avec permission. Tous droits réservés.

Édité et compilé en collaboration avec :
Jean Héder Petit-Frère International

ISBN: 978-1-7346914-6-7
Pour plus de ressources, d'enseignements et de formation sur le Royaume, visitez : www.jhpetitfrere.com

Tous droits réservés dans le monde entier.

Table des matières

Dédicace	5
REMERCIEMENTS	7
Avant-propos	9
Pourquoi ce livre existe ?	9
Introduction	11
Pourquoi ce livre devait être écrit ?	11
Chapitre 1	16
Limites et responsabilités : le fondement d'une unité authentique	17
L'identité avant les limites	18
L'unité n'est pas la fusion	19
Ce que font les limites et ce qu'elles ne font pas	19
Pourquoi les limites sont perçues comme menaçantes ?	20
Amour, limites et sagesse	20
La fondation se poursuit	21
Réflexion	21
Prière	22
Résumé	22
Chapitre II	24
L'amour éprouvé par l'absence de limites	25
Le fardeau imposé à l'amour	26
Quand rester devient une preuve de vertu	26
L'illusion de la paix	27
L'amour ne peut remplacer la responsabilité	28
Pourquoi les bonnes intentions ne suffisent pas	29
Le prix de l'amour sans limites	29
Un recadrage nécessaire	30
Ce que cela signifie pour l'avenir	30
Réflexion	30
Prière	31
Résumé	31
Chapitre III	32
Le silence n'est pas la paix	33

La lente disparition du soi	33
Quand la foi devient un silence	34
L'amour sans sécurité	34
L'érosion de l'identité dans les mariages de longue durée	35
Le corps se souvient de ce que la bouche ne peut dire	36
Ce que les enfants apprennent sans qu'on le leur dise	36
Le réconfort d'une fausse paix	37
L'effet d'accumulation	37
Une clarification nécessaire	38
Une invitation et non une accusation	38
Réflexion	38
Prière	39
Résumé	39
Chapitre IV	40
Pourquoi est-il si difficile d'établir des limites dans le mariage ?	41
Le pouvoir de l'espoir dans la petite enfance	41
La foi en conflit	42
La peur du coût potentiel des limites	43
Le poids de la culpabilité	43
Des déséquilibres de pouvoir qui font monter les enjeux	44
Traumatisme et habitude d'adaptation	45
Le choc de se réveiller tard	45
Les limites changent la relation	46
Un recadrage nécessaire	47
Réflexion	47
Prière	48
Résumé	48
Chapitre V	50
Comment fixer des limites sans transformer l'amour en guerre ?	51
Les limites commencent à l'intérieur, pas dans la conversation	51
La différence entre nommer une limite et attaquer une personne	52
Parler sans menacer	52
Pourquoi la spécificité est essentielle	53

Le moment et le ton comptent plus que la perfection des mots	53
Attendez-vous à un certain inconfort, sans le mal interpréter	54
Les frontières ne sont pas négociables	54
Le rôle des conséquences	55
Quand la culpabilité apparaît	55
Une douce vérité	56
Réflexion	56
Prière	56
Résumé	57
Chapitre VI	58
À quoi ressemblent des limites saines dans la vraie vie ?	59
Quand les émotions commencent à submerger la relation	59
Lorsque le temps et l'énergie s'épuisent	60
Quand le pardon est confondu avec la confiance immédiate	61
Quand la famille d'origine commence à s'immiscer	61
Quand les finances deviennent une source de tension ou de contrôle	62
Quand l'intimité sexuelle exige sécurité et consentement	62
Quand la foi sert à éviter les conversations nécessaires	63
Un dernier mot sur le ton et le moment	63
Réflexion	64
Prière	65
Résumé	65
Chapitre VII	66
Faire respecter les limites lorsqu'elles sont mises à l'épreuve	67
Pourquoi les limites sont-elles mises à l'épreuve ?	67
Expliquer ou incarner : une distinction essentielle	68
À quoi ressemble concrètement l'application d'une limite ?	68
Demeurer calme face à l'intensité émotionnelle	69
Lorsque la culpabilité cherche à invalider le progrès	69
Reconnaître les résistances émotionnelles	70
Distinguer l'inconfort du préjudice	70
Lorsque les limites sont systématiquement ignorées	70

Ce que révèle la manière dont une limite est reçue	71
Choisir l'intégrité plutôt que l'illusion	72
Réflexion	72
Prière	72
Résumé	73

Chapitre VIII   74

Quand les frontières n'ont jamais été en place	75
Réparer, réinitialiser ou redéfinir la relation	75
Quand le passé ne peut être réécrit	76
Faire le deuil de ce qui a manqué, sans s'y enfermer	76
La conversation de réinitialisation	76
La saison du réajustement	77
Quand la réparation est possible	77
Quand la réinitialisation rencontre la résistance	77
Redéfinir la relation	78
Les enfants et les limites posées tardivement	78
Choisir l'intégrité plutôt que le regret	78
Réflexion	79
Prière	79
Résumé	79

Chapitre IX   80

L'amour, le pardon et le courage de fixer des limites	81
Le pardon guérit le cœur, pas les schémas	81
La grâce n'annule pas la responsabilité	82
« L'amour endure tout » : que signifie vraiment cette parole ?	82
Ce que l'amour supporte et ce qu'il refuse	82
Réflexion	83
Prière	83
Résumé	84

Chapitre X   86

Quand les limites sont franchies et que des décisions difficiles doivent être prises	87
Quand une violation devient une habitude	87

Quand le discernement s'érode	87
Quand la résistance devient manipulation	88
Quand il faut aller plus loin	88
Espoir ou déni	88
Quand rester exige de disparaître	89
Les décisions difficiles demandent du temps	89
Vivre sans illusion	89
Un mot pour ceux qui sont au carrefour	90
Réflexion	90
Prière	90
Résumé	90

Chapitre XI 92

Discernement, accompagnement et sagesse de ne pas marcher seul

Pourquoi le discernement a besoin de perspective	93
Le danger de l'isolement et le choix des bonnes voix	94
Le rôle du soutien professionnel	95
Soins pastoraux et accompagnement spirituel	95
La responsabilisation change la dynamique	96
Quand la communauté devient pression	96
Intégrer la foi, la sagesse et la réalité	96
Une vérité qui s'installe	97
Réflexion	97
Prière	97
Résumé	97

Chapitre XII 98

Vivre avec des limites	99
Le calme qui revient à l'intérieur	99
Un amour plus léger	99
Une intimité fondée sur la sécurité	99
La fin de l'hyperactivité émotionnelle	100
Le mariage redevient un choix	100
Des chemins différents, une même dignité	100
Une identité renforcée	100

Une foi rééquilibrée	101
Le commencement de la paix	101
Réflexion	101
Prière	101
Résumé	102
Chapitre XIII	104
Là où les frontières rencontrent la réalité	105
Temps et énergie : Quand l'amour se transforme lentement en épuisement	107
Vie sexuelle : Quand l'intimité perd sa sécurité	108
Finances : Quand l'argent devient un fardeau silencieux	109
Famille d'origine : Quand le passé refuse de rester dans le passé	110
Famille d'origine : Quand le passé gouverne silencieusement le présent	111
Culture : Quand la « normalité » réduit la conscience au silence	112
Vie spirituelle : Quand la foi prime sur la sagesse	113
Autels spirituels et schémas générationnels : Quand la souffrance devient sacrée	114
Une intégration profonde	115
Réflexion	116
Prière	117
Résumé	117
ANNEXE A – UNE DÉTOX THÉOLOGIQUE	119
1. « L'amour supporte tout »	119
Pourquoi ce verset est souvent mal compris	120
Clarification biblique	120
Application concrète	120
Correction appliquée	120
2. Le pardon	121
Pourquoi cette confusion est fréquente	121
Clarification biblique	121
Application concrète	121
Correction appliquée	122

3. La foi	122
Pourquoi cette distorsion apparaît	122
Clarification biblique	122
Application concrète	122
Correction appliquée	122
4. La soumission	123
Pourquoi cet enseignement a causé de la douleur	123
Clarification biblique	123
Application concrète	123
Correction appliquée	123
5. Direction et autorité	124
Pourquoi ce malentendu persiste	124
Clarification biblique	124
Application concrète	124
Correction appliquée	124
6. La souffrance	125
Pourquoi cette interprétation séduit	125
Clarification biblique	125
Application concrète	125
Correction appliquée	125
7. « Protéger le nom du Christ »	125
Pourquoi le silence est perçu comme fidélité	126
Clarification biblique	126
Application concrète	126
Correction appliquée	126
Déclaration finale de désintoxication	126
Conclusion	128
Vivre pleinement, aimer bien	128
Biographie de l'auteur	130

Dédicace

Ce livre est dédié à celles et ceux qui ont aimé avec sincérité, cru avec ferveur et persévéré avec fidélité au cœur même des saisons de confusion, tout en se sentant, silencieusement, se rétrécir dans ce processus.

Il s'adresse à ceux qui sont restés plus longtemps qu'ils ne le comprenaient, qui ont enduré au-delà du nécessaire et qui ont sacralisé la douleur, persuadés que l'amour l'exigeait. À ceux à qui l'on a appris à porter leurs fardeaux dans le silence, à confondre l'endurance avec la sainteté et à assimiler la fidélité à l'effacement de soi.

Ce livre est également destiné aux couples et aux personnes seules qui aspirent à une relation plus profonde — non pas un amour qui survit à peine, mais un amour authentique, entier et porteur de vie. Un amour capable de faire face à la vérité. Une foi qui ne redoute pas la sagesse. Un engagement qui n'exige ni la négation de soi ni la perte de son identité.

Que ces pages soient pour vous une invitation à vous arrêter, à réfléchir et à vous recentrer.

Puisse-t-on vous rappeler avec douceur et clarté que Dieu ne vous a jamais demandé de disparaître pour prouver votre dévotion.

Et puissiez-vous retrouver la liberté d'aimer profondément, de croire avec discernement et de vivre pleinement, sans jamais vous perdre vous-même.

REMERCIEMENTS

Cet ouvrage représente bien davantage qu'un simple exercice d'écriture. Il est l'aboutissement d'années de ministère, de mûrissement intérieur, de luttes silencieuses, de prière persévérante et de cheminement spirituel. Il s'est lentement façonné au fil des échanges profonds, dans l'intimité du recueillement et dans la tension féconde entre mes convictions les plus profondes et l'épreuve concrète de la vie.

Je tiens à exprimer ma gratitude la plus sincère à ma mère spirituelle, la Dre Pat Morgan, dont la vie, la sagesse et l'attachement indéfectible à la vérité ont profondément façonné ma relation à Dieu ainsi que ma compréhension du leadership. Sa voix m'a constamment appelée à une intégrité sans compromis, intégrité du cœur, de la doctrine et de la conduite. Qu'elle ait accepté de rédiger la préface de cet ouvrage constitue pour moi à la fois un honneur insigne et une responsabilité spirituelle sacrée.

Ma reconnaissance s'étend également aux nombreux pasteurs, responsables, conseillers et croyants, issus de cultures et de nations diverses, qui m'ont confié leurs récits avec une sincérité courageuse. Vos témoignages sur l'amour, la foi, le mariage et la souffrance ont mis en lumière une lutte universelle, appelant une réponse enracinée dans la compassion et la vérité. Cet ouvrage porte l'empreinte et l'écho de vos voix.

À ma famille, dont la patience, la fidélité et la bienveillance ont accompagné ce parcours exigeant, j'adresse mes remerciements les plus profonds. Votre soutien m'a porté à travers des saisons d'apprentissage, de remise en question et de transformation. Les enseignements contenus dans ces pages ne sont pas nés de l'isolement, mais de la réalité vécue de relations qui ont exigé humilité, repentir, croissance et un renouvellement constant de la compréhension.

Par-dessus tout, je rends grâce à Dieu, dont la vérité guérit sans accabler, et dont la grâce ne s'oppose jamais à la sagesse. Cet ouvrage lui est offert comme un acte de responsabilité et de fidélité : honorer sa Parole, veiller sur son peuple et œuvrer à la restauration de l'harmonie là où l'incompréhension a laissé des blessures.

Avant-propos

Accepter le voyage : un témoignage de foi, de douleur et de triomphe

Dans la tapisserie de l'expérience humaine, il y a des moments où l'âme est appelée à lutter avec des questions qui transcendent les limites de la raison, de la foi et de la tradition. Cet ouvrage est né d'un tel endroit : une quête sincère qui ose répondre ouvertement aux cris les plus profonds du cœur, à l'aspiration à un but et à la poursuite incessante de l'espoir au milieu de la souffrance. Il s'adresse non seulement à ceux qui ont le cœur brisé ou qui naviguent sur les mers agitées du désespoir, mais aussi à ceux qui recherchent la vérité, croyants ou non. Tous sont touchés par les réalités universelles de la douleur, de la confusion, de la résilience et du désir de guérison.

Au fil de ces pages, vous serez témoin d'une exploration honnête de l'interaction complexe entre la foi et la souffrance. Le parcours décrit ici est marqué par des moments d'intense angoisse spirituelle, mais aussi par des éclats de rire et un espoir rebelle. L'histoire de l'auteur s'inscrit dans le récit plus large d'un peuple qui s'efforce de construire, de guérir et de surmonter. Des cris du peuple d'Ayiti (Haïti) aux efforts audacieux déployés pour servir, restaurer et élever les autres, le récit est à la fois personnel et communautaire. Il honore l'héritage spirituel des mentors et des ancêtres, célébrant la sagesse héritée de ceux qui ont marché avant nous et reconnaissant le travail inachevé qui continue d'appeler les nouvelles générations à diriger et à servir.

En tournant ces pages, vous découvrirez une voix qui a été tempérée par la souffrance et façonnée par une opposition implacable, mais qui n'a jamais été réduite au silence par la défaite. L'auteur se présente comme un témoin de la grâce divine, un témoignage de la foi inébranlable qui se renforce dans l'adversité. À travers des combats spirituels, des moments de honte et le feu purificateur du célibat et du leadership, un nouveau sens du devoir et de la bénédiction se révèle. Le récit dépasse la douleur personnelle pour embrasser une vision plus large de la construction du royaume, exhortant les lecteurs à s'élever au-dessus des limites imposées par l'histoire, les circonstances et la fragilité humaine.

Cette préface vous invite à accompagner un serviteur qui a appris à se reposer sur les hauteurs de la foi, dont les espoirs ont été forgés dans le creuset de la lutte et dont la vision s'étend à la construction d'autels significatifs pour les générations à venir. C'est un appel à embrasser les bénédictions et les responsabilités de l'héritage, et à reconnaître la mission divine de dire la vérité, d'étendre la miséricorde et de favoriser le renouveau dans les terres et les cœurs qui aspirent à la transformation. Puissiez-vous trouver dans ces mots non seulement un récit de douleur et de courage, mais aussi une invitation à participer à l'œuvre merveilleuse de restauration, de foi et d'héritage. Car comme on nous le rappelle : « Je suis à vous. Et vous êtes à moi. Et tout va bien. » Que ce voyage vous inspire à chercher, à croire et à construire à nouveau.

Dr Pat Morgan (Ph.D)
Ancien professeur à l'ORU, au CGST et au CNC.
Psychologue scolaire, auteur.

Introduction

Pourquoi ce livre devait être écrit ?

Cet ouvrage est né d'un constat à la fois intime et universel. Il s'adresse à celles et ceux qui ont aimé avec sincérité, cru avec ferveur et persévéré avec fidélité, même au cœur des saisons de confusion, tout en se sentant, parfois imperceptiblement, se rétrécir dans ce processus. Il est dédié à ceux qui sont restés plus longtemps qu'ils ne le comprenaient, qui ont enduré au-delà du nécessaire et qui ont sacralisé la douleur, convaincus que l'amour l'exigeait. À ceux à qui l'on a appris à porter leurs fardeaux en silence, à confondre l'endurance avec la sainteté et la fidélité avec l'effacement de soi.

Ce livre s'adresse également aux couples et aux personnes seules qui aspirent à une relation plus profonde - non pas un amour qui survit, mais un amour authentique, entier et porteur de vie. Un amour capable de faire face à la vérité. Une foi qui ne redoute pas la sagesse. Un engagement qui ne requiert ni la négation de soi ni la perte de son identité. Puissent ces pages offrir un espace de pause, de réflexion et de recentrage, rappelant avec douceur que Dieu n'a jamais demandé à quiconque de disparaître pour prouver sa dévotion, et ouvrant la voie à une liberté nouvelle d'aimer profondément, de croire avec discernement et de vivre pleinement, sans se perdre soi-même.

Cet ouvrage représente bien davantage qu'un simple projet d'écriture. Il est l'aboutissement d'années de ministère, de mûrissement intérieur, de luttes silencieuses, de prière persévérante et de cheminement spirituel. Il s'est façonné au fil de conversations profondes, souvent tenues à huis clos, dans la tension féconde entre les convictions professées et l'épreuve concrète de la vie. Il doit beaucoup à celles et ceux — pasteurs, responsables, conseillers et croyants de cultures et de nations diverses, qui ont confié leurs récits avec courage et sincérité. Leurs voix, leurs blessures et leurs espérances résonnent en filigrane dans ces pages.

Il doit aussi à la patience et à la bienveillance de la famille, dont le soutien a accompagné ce cheminement exigeant. Les enseignements proposés ici ne sont pas nés de l'isolement, mais de relations réelles, parfois éprouvantes, qui ont requis humilité, repentir, croissance et un renouvellement constant de la compréhension. Par-dessus tout, cet ouvrage est offert à Dieu, dont la vérité guérit sans accabler et dont la grâce ne s'oppose jamais à la sagesse, comme un acte de responsabilité, de fidélité et de désir de restauration là où l'incompréhension a laissé des blessures.

Ce livre n'a pas été écrit pour affaiblir le mariage, amoindrir l'engagement ou justifier le repli sur soi. Il est né parce que trop de personnes sincères et fidèles ont endengendr des souffrances inutiles, non par manque d'amour, mais par absence de mots, de cadres et de repères pour nommer ce qu'elles vivaient. En tant que responsable spirituel, j'ai enseigné la fidélité, la persévérance, le pardon et l'alliance. Pourtant, une intuition persistante s'est imposée : quelque chose manquait, non dans les Écritures elles-mêmes, mais dans la manière dont elles étaient interprétées et vécues. On exaltait l'amour sans parler de ses limites ; on valorisait l'endurance sans exercer le discernement ; la fidélité se mesurait à la durée de la présence plutôt qu'au respect de la vérité, de la dignité et de la sécurité.

Nombreux sont les mariages qui, vus de l'extérieur, paraissent solides, parfois même exemplaires, mais qui, dans leur intimité, sont fragilisés par de profondes tensions. Ils ont traversé des décennies, résisté aux épreuves, connu déceptions, incompréhensions et silences prolongés. Ils ne se sont pas effondrés ; pourtant, ils ne se sont pas épanouis. Beaucoup ont fait tout ce que l'on attendait d'eux : ils sont restés, ont prié, ont pardonné, se sont adaptés et ont accepté. Ils n'ont pas cessé d'aimer, mais, à un moment donné, ils ont cessé d'être pleinement présents.

Ce livre est né de ces récits et des questions qui revenaient sans cesse : est-il mal de vouloir poser des limites ? L'amour exige-t-il le silence ? Pourquoi le pardon semble-t-il rouvrir la même blessure ? L'endurance est-elle toujours synonyme de fidélité ? Pour beaucoup, la difficulté ne résidait ni dans l'absence d'amour ni dans le manque d'engagement, mais dans le défaut de structure. Or l'amour, lorsqu'il est privé de structure, finit par devenir un poids.

Cet ouvrage ne vise pas à détruire le mariage, mais à le préserver de l'érosion silencieuse qui s'installe lorsque la vérité est évitée et que les limites ne sont jamais établies. Il interroge l'idée selon laquelle la longévité serait, à elle seule, un signe de santé relationnelle, et remet en cause la croyance selon laquelle la souffrance sanctifie automatiquement une union. Le mariage n'a jamais été conçu pour exiger l'effacement de l'un afin d'assurer le confort de l'autre.

Ce livre propose un chemin pour apprendre à aimer sans disparaître, à pardonner sans cautionner et à demeurer engagé sans se trahir. Il s'adresse à celles et ceux qui veulent que leur relation ne se contente pas de durer, mais qu'elle respire, qu'elle soit vivante et porteuse de sens. Il ne promet ni solutions rapides ni réponses simplistes ; il offre une invitation à la clarté. Vous n'y trouverez pas de condamnation, mais la vérité, une vérité parfois dérangeante, mais toujours plus libératrice que l'illusion.

Le chemin proposé pourra bousculer certaines convictions, remettre en question un langage spirituel familier et inviter à faire le deuil de ce qui a été perdu afin d'ouvrir de nouveaux possibles. C'est un choix assumé. Les limites ne relèvent ni du contrôle ni de la dureté ; elles expriment une responsabilité envers soi-même, envers l'amour et envers l'engagement confié. Et cette responsabilité commence toujours par l'honnêteté. Si vous êtes disposé à cette honnêteté, ces pages vous accompagneront, avec prudence, fermeté et compassion, vers une manière plus saine, plus juste et plus vivante d'entrer en relation.

CHAPITRE 1

Ce premier chapitre établit le diagnostic central de l'ouvrage en montrant que l'amour peut devenir épuisant lorsqu'il est vécu sans limites claires. Il met en évidence la confusion fréquente entre l'amour biblique et le sacrifice permanent de soi, qui conduit de nombreux croyants à tolérer l'inacceptable, à taire leurs besoins et à justifier des comportements destructeurs au nom de la patience ou de la fidélité. L'auteur révèle ainsi que tout amour qui efface l'identité, étouffe la vérité et engendre l'épuisement n'est pas conforme au dessein de Dieu, mais résulte plutôt de la peur, de la culpabilité et d'une compréhension théologique incomplète.

Limites et responsabilités : le fondement d'une unité authentique

La responsabilité se trouve au cœur de toute limite saine. Toute relation équilibrée exige une clarté profonde quant à ce qui relève de soi et de ce qui appartient à l'autre, tant sur le plan émotionnel que spirituel et comportemental. Sans cette clarté, l'amour, pourtant sincère, risque de s'égarer et de devenir source de confusion, voire de souffrance.

Le mariage n'abolit jamais la responsabilité individuelle. L'engagement ne supprime ni le libre arbitre ni la conscience personnelle. Deux personnes ne deviennent pas une seule entité en se perdant l'une dans l'autre, mais en choisissant librement le partenariat en tant qu'êtres entiers, autonomes et distincts. L'unité véritable ne naît pas de la fusion, mais de la rencontre de deux identités pleinement assumées.

Dans cette perspective, les limites jouent un rôle fondamental. Elles constituent la structure invisible qui permet de naviguer avec sagesse entre l'individualité et le partenariat. Elles tracent les contours d'un espace relationnel où chacun peut aimer sans se renier et s'engager sans s'effacer.

Lorsque les responsabilités demeurent floues, un déséquilibre s'installe progressivement. Il arrive alors qu'une personne se surinvestisse tandis que l'autre se désengage. L'une compense, s'adapte, absorbe la charge émotionnelle et relationnelle. L'autre s'habitue à cet accès illimité, souvent sans en mesurer le coût. Avec le temps, ce déséquilibre devient la norme et le ressentiment s'installe de manière silencieuse mais persistante.

Les limites interrompent ce schéma. Elles réintroduisent la responsabilité là où elle avait été diluée. Elles redonnent aux adultes la conscience de leur pouvoir personnel et le sentiment d'être à nouveau acteurs de leur propre vie. En posant des limites claires, chacun se retrouve lui-même, sans pour autant se couper de l'autre.

L'identité avant les limites

Les personnes qui éprouvent le plus de difficulté à poser des limites ne sont pas indifférentes ni égoïstes. Bien au contraire, elles sont souvent profondément attentionnées, empathiques et engagées. Leur fragilité ne réside pas dans un manque de compassion, mais dans une connaissance insuffisante d'elles-mêmes.

Lorsqu'une personne ignore ce qui compte réellement pour elle, ce dont elle a besoin pour demeurer vivante intérieurement, ou ce qu'elle ne peut plus tolérer sans se perdre, la notion de limite devient confuse. Dire non paraît cruel. S'exprimer semble dangereux. Affirmer un besoin est perçu comme une trahison de l'engagement ou de la foi.

C'est ainsi que nombre de personnes, après des années de mariage, finissent par prononcer cette phrase douloureuse : « Je ne sais même plus qui je suis. »

Le mariage n'a jamais exigé cette perte. C'est l'absence de limites qui l'a rendue possible.

Comprendre clairement son identité ne menace pas l'unité ; elle en constitue au contraire le fondement. Lorsqu'un individu connaît ses valeurs, reconnaît ses besoins et assume sa responsabilité de croissance personnelle, il devient capable d'établir des limites qui préservent son intégrité tout en nourrissant la relation. La connaissance de soi et le soin de soi ne sont pas des actes d'égoïsme, mais des conditions essentielles à des relations authentiques et durables.

Dans cette lumière, les limites ne doivent plus être perçues comme des obstacles à l'intimité, mais comme des instruments de protection et de maturation relationnelle. Elles permettent à l'amour de circuler librement sans devenir envahissant ou destructeur. Elles constituent le socle même des relations saines.

L'unité n'est pas la fusion

Il existe une forme de communion qui peut sembler spirituelle, mais qui s'avère profondément malsaine. Dans ce type de relation fusionnelle, le désaccord est vécu comme une trahison. Le silence devient le prix de la paix. L'un s'efface pour que la relation survive, tandis que l'autre occupe progressivement tout l'espace.

Ce modèle ne correspond pas à l'unité biblique.

La véritable unité accueille la différence. Elle autorise l'expression honnête des pensées et des émotions. Elle crée un espace où la vérité peut être dite sans crainte du rejet. À l'inverse, la fusion exige l'uniformité et étouffe la distinction. Elle confond proximité et contrôle, amour et absorption.

Les limites empêchent l'unité de se transformer en suffocation émotionnelle. Elles garantissent que la relation demeure un lieu de vie et non de disparition intérieure.

Ce que font les limites et ce qu'elles ne font pas

Les limites n'ont pas pour vocation de contrôler autrui. Elles n'imposent ni le changement ni l'accord. Elles ne sont ni des menaces ni des ultimatums. Leur fonction première est de clarifier la réalité.

Elles définissent ce qui est acceptable et ce qui ne l'est pas. Elles établissent des conséquences cohérentes qui protègent la dignité et la sécurité émotionnelle. Elles remplacent les attentes implicites par une vérité explicitement formulée.

Une limite ne dit pas : « Tu dois changer. » Elle affirme plutôt : « Si cette situation persiste, je modifierai ma manière de participer à la relation. »

Cette distinction est essentielle. Elle préserve la liberté de chacun tout en refusant l'auto-trahison. Elle permet d'aimer sans se sacrifier indéfiniment.

Pourquoi les limites sont perçues comme menaçantes ?

Les limites sont souvent perçues comme menaçantes, non parce qu'elles sont intrinsèquement négatives, mais parce qu'elles perturbent des dynamiques bien établies. Elles remettent en question des schémas qui prospéraient grâce au silence. Elles introduisent la responsabilité là où régnait un accès illimité.

Pour certains, ce malaise est interprété comme un manque d'amour. En réalité, il s'agit le plus souvent d'un manque de familiarité avec une relation fondée sur la clarté.

Les limites ne créent pas les conflits. Elles les révèlent.

Amour, limites et sagesse

Jésus aimait profondément, mais il vivait selon des limites claires. Il se retirait des foules. Il refusait la manipulation. Il s'opposait aux abus de pouvoir. Il n'accordait pas un accès illimité à tous ceux qui le sollicitaient.

L'amour sans limites n'a jamais été son modèle.

Poser des limites n'est donc pas un échec de l'amour, mais une expression de sagesse.

Comme le rappelle Proverbes 4 :7 : « La sagesse est la chose principale ; acquiers donc la sagesse. Et avec tout ce que tu acquiers, acquiers l'intelligence. »

La fondation se poursuit

Tout dans ce livre repose sur une vérité essentielle : l'amour a besoin d'un cadre pour demeurer source de vie. Sans limites, il peut devenir étouffant, possessif et destructeur. Avec des limites claires, il devient un espace de sécurité, de respect et de croissance.

Le pardon a besoin de limites pour rester rédempteur. L'alliance a besoin de vérité pour demeurer vivante. Sans limites, le mariage devient une épreuve. Avec des limites, il devient un choix conscient. Sans limites, il peut devenir toxique. Avec des limites claires, il devient un espace sûr, propice à l'intimité et à l'épanouissement.

Réflexion

Prenez un instant pour examiner votre propre rapport aux limites. Les avez-vous associées à la distance, au rejet ou au conflit ? Ou étaient-elles simplement absentes, jamais nommées, jamais modélisées ?

Interrogez-vous avec bienveillance : À quels moments la responsabilité et l'identité se sont-elles estompées dans votre relation ? Où vous êtes-vous adapté au lieu de clarifier ?

Les limites commencent toujours par la prise de conscience, non par l'action. Il ne s'agit pas de juger ce qui est observé, mais de le nommer avec honnêteté.

Prière

Dieu de vérité et de sagesse,
aide-moi à discerner les endroits où je me suis égaré au nom de l'amour.
Enseigne-moi la différence entre l'unité et la disparition.
Donne-moi le courage d'honorer l'identité que tu m'as confiée
et la sagesse d'aimer sans renoncer à la vérité.
Amen.

Résumé

Ce chapitre a montré que définir des limites émotionnelles, spirituelles et comportementales est essentiel à un mariage épanoui. L'harmonie véritable ne repose pas sur la perte de l'individualité, mais sur la collaboration de deux personnes entières et responsables. L'absence de limites engendre des déséquilibres, du ressentiment et une perte d'estime de soi.

La difficulté à poser des limites ne provient pas d'un manque d'amour, mais d'une méconnaissance de soi et d'une confusion entre attachement sain et dépendance toxique. Les limites ne visent pas à contrôler l'autre, mais à clarifier la réalité, protéger la liberté personnelle et préserver la relation.

Ainsi, l'amour ne s'épanouit pleinement que lorsqu'il est soutenu par des limites justes. Ces limites permettent au mariage d'évoluer, non comme une simple cohabitation, mais comme un engagement conscient, fondé sur la vérité, le respect et la responsabilité mutuelle.

CHAPITRE II

Ce chapitre démontre que, bien qu'essentiel, l'amour ne peut à lui seul soutenir durablement une relation lorsqu'il est privé de limites claires. Trop souvent, l'amour est chargé de compenser l'absence de structure, de responsabilité et de vérité : il doit absorber les blessures répétées, maintenir la paix par le silence et pallier les déséquilibres relationnels. Cette surcharge transforme progressivement l'amour en fardeau, entraînant fatigue émotionnelle, perte de soi, ressentiment et illusion de paix. La longévité ou les bonnes intentions ne garantissent ni l'intimité ni la santé relationnelle ; sans communication authentique et sans limites, l'amour s'étiole et se confine. Le chapitre met ainsi en lumière une vérité centrale : l'amour ne peut corriger l'irresponsabilité ni remplacer la vérité. Seules des limites justes traduisent les intentions en actions concrètes, restaurent l'équilibre et permettent à l'amour de demeurer vivant, libérateur et porteur de vie.

L'amour éprouvé par l'absence de limites

La plupart des personnes s'engagent dans le mariage en croyant que l'amour suffira. Elles supposent que si l'affection est authentique, l'engagement sincère et les intentions bonnes, tout le reste finira par s'arranger. Pendant un temps, cette conviction semble justifiée. L'amour est porteur d'énergie. Il nourrit la patience et adoucit la déception et fait naître l'espoir.

Avec le temps toutefois de nombreux couples découvrent une réalité troublante : l'amour peut être présent sincère et même profond sans pour autant empêcher la relation de devenir pesante.

La relation s'alourdit sous le poids des attentes déçues des conflits non résolus et des ressentiments inavoués. L'amour seul ne suffit pas à entretenir une relation saine et épanouie. Il exige davantage que de la simple affection et de bonnes intentions. Il requiert une communication ouverte un consentement mutuel et un engagement partagé à affronter ensemble les difficultés. L'amour peut constituer le fondement mais il ne représente pas à lui seul l'ensemble des éléments nécessaires à la solidité d'un couple. Pour qu'une relation s'épanouisse les partenaires doivent consentir à fournir des efforts constants et un dévouement conscient afin de renforcer leur lien et d'en assurer la pérennité.

Lorsque la relation se tend un sentiment de culpabilité apparaît souvent. On hésite à exprimer son mécontentement parce que l'on sait que l'on aime son conjoint. On garde le silence parce que l'on suppose que le problème vient de soi. Après tout l'amour n'est-il pas censé tout surmonter ?

Cette hypothèse a silencieusement fragilisé d'innombrables mariages.

L'amour est essentiel. Mais l'amour à lui seul ne suffit pas à maintenir une relation saine sur la durée.

Le fardeau imposé à l'amour

En l'absence de limites on exige trop de l'amour. On lui confie la responsabilité de réguler les comportements d'absorber les déceptions de gérer les conséquences émotionnelles et de maintenir la paix tout à la fois.

L'amour se substitue à la structure.

L'amour devient un fardeau.

L'amour devient un travail.

Dans ces mariages on attend de l'amour qu'il accepte des blessures répétées sans protection qu'il pardonne sans garanties qu'il demeure chaleureux dans des contextes émotionnellement insécurisants et qu'il compense un déficit de responsabilité.

Avec le temps l'amour s'épuise non parce qu'il est faible mais parce qu'il n'a jamais été conçu pour fonctionner seul.

L'amour est puissant mais il n'est pas structuré. Sans limites il plie sous la pression.

Quand rester devient une preuve de vertu

Dans de nombreux mariages de longue durée l'endurance est confondue avec la santé relationnelle. Les couples mettent en avant le nombre d'années passées ensemble comme preuve que tout va bien. Pourtant la longévité n'est pas toujours synonyme de plénitude. La question mérite d'être posée : que se passe-t-il réellement lorsque personne ne regarde ?

Les personnes restent pour de multiples raisons : une histoire partagée

- les enfants
- les finances
- la peur du changement
- la pression religieuse
- la dépendance émotionnelle

Aucun de ces éléments ne garantit automatiquement l'intimité la sécurité ou le respect mutuel.

Certains mariages survivent en se vidant lentement de leur substance. Les conversations deviennent fonctionnelles. Les émotions sont gérées plutôt que partagées. Les conflits sont évités non parce qu'ils sont résolus mais parce qu'il semble trop risqué de les aborder. Une relation véritablement vivante ne peut toutefois se maintenir par les apparences et la durée seule. Elle exige une communication authentique de la vulnérabilité et une compréhension mutuelle profonde.

L'amour demeure, mais il est contenu étouffé et souvent solitaire. Il persiste intérieurement sans pouvoir se déployer pleinement ni être partagé en raison de la peur des limites non exprimées ou de circonstances difficiles. Sans ouverture ni vulnérabilité l'amour stagne et devient insatisfaisant.

L'illusion de la paix

L'un des effets les plus trompeurs de l'amour sans limites est l'apparence de paix. Les conflits sont moins visibles les disputes moins fréquentes et la relation semble plus stable.

Cette paix est cependant souvent obtenue par le silence.

Lorsqu'un conjoint s'adapte constamment pour éviter les tensions la relation paraît plus calme en surface mais se détériore en profondeur. La frustration s'accumule les besoins restent insatisfaits et le ressentiment cherche des voies détournées.

Ce n'est pas la paix.

C'est le confinement.

La véritable paix ne naît pas du refus de la vérité mais de l'espace qui lui est accordé.

Jean 8 :31-32 rappelle que la vérité libère lorsqu'elle est accueillie et non étouffée.

L'amour ne peut remplacer la responsabilité

Dans une relation dépourvue de limites la responsabilité se déplace progressivement vers le partenaire le plus conciliant. Celui-ci apprend à anticiper les humeurs à apaiser les tensions et à absorber l'impact émotionnel. Avec le temps il devient le régulateur émotionnel de la relation.

L'autre partenaire n'est pas nécessairement malveillant. Il s'est simplement habitué à un accès sans restriction.

Ce déséquilibre ne se maintient pas par manque d'amour mais par absence de limites.

L'amour ne peut corriger l'irresponsabilité. Seules les limites le peuvent.

Pourquoi les bonnes intentions ne suffisent pas

De nombreux couples demeurent bloqués parce que leurs intentions sont bonnes. Il n'y a ni trahison manifeste ni conflit spectaculaire seulement des schémas répétitifs non résolus et ignorés.

Des excuses sont formulées. Des promesses sont faites. Pourtant rien ne change en profondeur.

C'est ici que beaucoup se sentent désorientés : si l'intention est bonne pourquoi la douleur persiste-t-elle ?

Parce que l'intention ne remplace pas l'action. Et la sincérité n'annule pas les conséquences.

Les limites traduisent l'intention en comportement. Sans elles l'amour reste une aspiration plutôt qu'une force transformatrice.

Le prix de l'amour sans limites

Avec le temps l'amour sans limites a un coût. Ce coût se manifeste par une fatigue émotionnelle une perte du respect de soi un ressentiment silencieux une diminution du désir et une confusion spirituelle.

Les personnes commencent à douter d'elles-mêmes. Elles prient davantage persévèrent plus intensément et se sentent pourtant plus coupables.

Le problème n'est pas un manque de dévouement. C'est l'absence de structure.

Sans cadre clair définissant les rôles les responsabilités et les attentes la relation devient désorganisée. L'amour se transforme en oubli de soi la foi devient un moyen de tenir plutôt qu'un chemin de vie et la dévotion perd sa direction.

Un recadrage nécessaire

L'amour ne remplace pas la vérité. Le pardon n'abolit pas les limites. L'engagement n'efface pas l'identité.

L'amour s'épanouit là où les limites existent non parce qu'elles le restreignent mais parce qu'elles le protègent de l'effondrement.

Soutenu par des limites l'amour devient plus léger plus sûr et plus résistant. Livré à lui-même il finit par devenir un fardeau.

Ce que cela signifie pour l'avenir

Si l'amour seul n'a pas guéri vos blessures ce n'est pas un échec personnel. C'est parce qu'on lui a demandé d'assumer un rôle qui appartient aux limites.

Cette prise de conscience n'est pas décourageante. Elle est libératrice.

Ce que l'amour ne peut accomplir par la persévérance les limites peuvent l'accomplir par la clarté. Et la clarté transforme profondément les relations.

Réflexion

Réfléchissez aux situations où l'amour a été sollicité pour compenser un manque de structure de responsabilité ou d'honnêteté. Demandez-vous ce que l'amour a porté alors que des limites auraient dû le soutenir.

Cette réflexion ne vise pas à diminuer l'amour mais à l'alléger.

Prière

Dieu d'amour délivre-moi de la croyance que tout endurer équivaut à aimer véritablement. Apprends-moi à soutenir l'amour par la vérité afin que ce que je donne soit source de vie et non de destruction. Amen.

Résumé

> L'amour insuffle énergie et espérance mais avec le temps une relation peut s'épuiser sous le poids d'attentes non comblées et de responsabilités floues. Lorsqu'on exige trop de l'amour il devient un fardeau. Ce chapitre montre que la responsabilité et la structure offertes par les limites sont indispensables à l'épanouissement de l'amour. Les intentions les plus nobles ne remplacent pas la clarté qu'apportent les limites. Celles-ci permettent à l'amour de demeurer vivant durable et porteur de liberté.

CHAPITRE III

Le chapitre montre que les dommages relationnels ne surviennent pas brutalement, mais s'installent lentement à travers le silence, l'adaptation excessive et l'absence de limites claires. Ce qui commence comme de la patience devient peu à peu un effacement de soi, une confusion intérieure et une perte progressive d'identité. Dans certains contextes, la foi et l'endurance sont même utilisées pour justifier le non-dit et étouffer la vérité, transformant la spiritualité en outil de survie plutôt qu'en source de vie. L'amour, privé de sécurité et de prévisibilité, devient risqué, tandis que le corps finit par porter ce que la parole n'a jamais pu exprimer. Cette fausse paix, fondée sur le silence, empêche la guérison et fragilise aussi les enfants, qui apprennent et reproduisent ces dynamiques. Le chapitre souligne ainsi que toutes les relations sans limites sont vulnérables : les limites ne garantissent pas l'harmonie, mais elles préviennent les dommages, interrompent les schémas destructeurs et rendent possible une paix véritable fondée sur la vérité, la sécurité et le respect mutuel.

Le silence n'est pas la paix

L A PLUPART DES DOMMAGES CONJUGAUX ne surviennent pas soudainement. Ils s'accumulent de manière discrète presque imperceptible à travers de petites concessions qui paraissent anodines au premier abord. Une conversation évitée. Un sentiment refoulé. Une limite franchie puis aussitôt justifiée. Avec le temps ce qui relevait au départ de la patience se transforme progressivement en effacement de soi.

C'est pourquoi l'absence de limites est si difficile à détecter au début. La relation ne s'effondre pas. Elle s'adapte. Et cette adaptation lorsqu'elle n'est ni interrogée ni nommée peut être confondue avec de la maturité. Mais l'adaptation sans limites a un coût.

La lente disparition du soi

L'un des premiers signes d'atteinte aux limites personnelles est la confusion intérieure. Les personnes commencent à perdre le contact avec leurs émotions leurs besoins et leurs désirs. Non parce que ces réalités auraient disparu mais parce que leur expression est devenue inconfortable risquée ou perçue comme perturbatrice.

Dans de nombreux mariages l'un des partenaires apprend insidieusement que l'honnêteté provoque des tensions du retrait ou des conflits. Avec le temps le silence devient la stratégie la plus sûre. Les besoins sont minimisés. Le malaise est rationalisé. L'expression émotionnelle est continuellement reportée.

Finalement certaines personnes en viennent à dire : « Je ne sais même plus ce que je ressens. »

Il ne s'agit pas de maturité émotionnelle. Il s'agit de survie émotionnelle.

Les limites protègent le moi contre une élimination progressive au sein de la relation.

Quand la foi devient un silence

Dans les mariages où la spiritualité occupe une place centrale les atteintes aux limites personnelles se dissimulent souvent derrière un langage religieux. L'endurance est glorifiée. Le sacrifice est spiritualisé. La souffrance est présentée comme une vertu.

Peu à peu certains en viennent à se demander si la douleur ressentie est un signe de faiblesse plutôt qu'un signal de déséquilibre. Cette confusion peut engendrer une auto-accusation progressive voire une haine de soi lorsqu'elle est combinée au rejet. On finit par se demander si vouloir changer révèle un manque de foi de patience ou d'humilité.

Cette distorsion est profondément dommageable.

La foi n'a jamais été destinée à réduire la conscience au silence ni à supplanter la sagesse. Lorsqu'un discours spirituel est utilisé pour empêcher une confrontation honnête il ne produit pas la sainteté mais une fracture intérieure.

Les limites protègent la foi contre toute instrumentalisation dirigée contre l'âme.

L'amour sans sécurité

L'amour est destiné à offrir un sentiment de sécurité. Non la perfection mais suffisamment de stabilité pour permettre l'honnêteté et l'ouverture.

En l'absence de limites cette sécurité se fragilise. Les conversations deviennent imprévisibles. Les réactions émotionnelles semblent disproportionnées. Les excuses ne produisent aucun changement durable. Les promesses sont formulées puis rapidement oubliées. Un cercle se crée semblable à une roue qui tourne sans avancer.

Avec le temps la confiance s'érode non parce que l'amour a disparu mais parce que la prévisibilité n'existe plus. Et sans prévisibilité le système nerveux demeure en état d'alerte.

Les personnes restent mais cessent de s'ouvrir pleinement. La méfiance s'installe. Chacun se protège en dissimulant pensées et émotions. La relation devient un terrain miné où chaque interaction est perçue comme potentiellement dangereuse.

L'amour sans sécurité devient risqué. Les limites empêchent l'amour de devenir émotionnellement dangereux.

L'érosion de l'identité dans les mariages de longue durée

L'une des réalités les plus douloureuses d'un mariage sans limites apparaît des années plus tard lorsque l'on prend conscience de tout ce qui a été mis de côté.

Personne n'avait l'intention de disparaître. On s'est simplement adapté encore et encore jusqu'à ce que l'adaptation devienne une identité.

Les rêves ont été différés. Les préférences minimisées. Les opinions atténuées. Le mariage a continué à fonctionner mais au prix de la vitalité intérieure de l'un des conjoints.

C'est pourquoi certaines personnes se sentent profondément seules même après un long mariage.

Les limites préservent l'identité sans menacer l'alliance.

Le corps se souvient de ce que la bouche ne peut dire

Ce qui n'est pas exprimé ne disparaît pas. Il se déplace. Dans de nombreuses relations dépourvues de limites le corps commence à porter ce que la voix n'a jamais pu formuler : fatigue chronique anxiété irritabilité engourdissement émotionnel dépression sans cause apparente.

Ces manifestations ne sont pas aléatoires. Ce sont des signaux d'alarme.

Le corps porte le poids des vérités non résolues bien avant que l'esprit ne s'autorise à les nommer.

Les limites interrompent ce transfert du fardeau de l'âme vers le corps.

Ce que les enfants apprennent sans qu'on le leur dise

Les atteintes aux limites relationnelles dépassent rarement le cadre du couple. Les enfants absorbent les dynamiques relationnelles bien avant de les comprendre intellectuellement.

Ils observent qui parle librement et qui se tait. Qui s'adapte et qui domine. Qui assume la responsabilité émotionnelle et qui l'évite.

Plus tard ils reproduisent ces schémas non par choix mais parce qu'ils leur semblent normaux. Ce qui a été observé devient familier. Ce qui est familier devient acceptable.

Les limites ne protègent pas uniquement les couples. Elles protègent les générations.

Le réconfort d'une fausse paix

L'une des conséquences les plus trompeuses de l'absence de limites est une paix apparente. La relation semble calme. Les conflits sont rares. La vie continue. Mais sous cette tranquillité se cachent des tensions non résolues, une tristesse inexprimée et une distance émotionnelle croissante.

Cette fausse paix maintient les personnes dans un équilibre fragile. Elle évite le conflit mais empêche la croissance. Sans limites il devient impossible de communiquer honnêtement de guérir et de s'épanouir.

Cette paix est fragile. Elle repose sur le silence.

La véritable paix n'est pas l'absence de conflit. Elle est la présence de l'honnêteté de la sécurité et du respect mutuel.

Les limites perturbent une fausse paix afin de rendre possible une paix véritable.

L'effet d'accumulation

Les atteintes aux limites sont cumulatives. Elles ne provoquent pas immédiatement une rupture visible. Elles s'additionnent au fil du temps par de petites violations répétées des silences prolongés et des compromis continus.

Un jour quelque chose cède. Un engourdissement soudain. Une explosion émotionnelle. Un désir de fuir plutôt que de s'engager.

On entend alors : « Je ne sais pas comment nous en sommes arrivés là. » Nous y sommes arrivés une frontière tacite à la fois.

Une clarification nécessaire

Tous les mariages sans limites ne sont pas abusifs. Mais tous les mariages sans limites sont vulnérables.

Les limites ne garantissent pas l'harmonie. Elles préviennent les dommages inutiles. Elles agissent comme des systèmes d'alerte qui interrompent les schémas destructeurs avant qu'ils ne deviennent irréversibles.

Une invitation et non une accusation

Ce chapitre n'a pas pour but de condamner le passé mais d'éclairer le présent. Si vous vous reconnaissez dans ces lignes cette prise de conscience n'est pas un échec. Elle survient lorsque vous êtes suffisamment fort pour l'accueillir.

Les limites ne concernent pas ce que vous n'avez pas fait hier. Elles concernent ce que vous n'abandonnerez plus maintenant.

Réflexion

Notez ce qui résonne en vous non avec honte mais avec reconnaissance. Où avez-vous ressenti le coût du silence de l'adaptation ou de la fatigue émotionnelle ?

Demandez-vous : qu'est-ce que cette relation m'a demandé que je n'ai jamais considéré comme un prix à payer ?

La prise de conscience n'est pas une condamnation. Elle est le commencement de la restauration.

Prière

Dieu qui vois ce qui est caché aide-moi à honorer la vérité que j'ai portée en silence. Guéris ce que le non-dit a fragilisé et restaure ce que les compromis tacites ont affaibli. Amen.

Résumé

Avec le temps, les concessions répétées et l'absence de limites provoquent confusion intérieure, fatigue émotionnelle et perte d'identité. La foi et l'endurance peuvent être utilisées pour empêcher l'expression de la vérité, ce qui génère des blessures profondes. Sans limites, l'amour devient risqué, la sécurité disparaît et la relation s'appauvrit. Les enfants observent ces dynamiques et les reproduisent plus tard. Ce chapitre montre que les dommages relationnels s'accumulent progressivement et que, même les relations non abusives, demeurent vulnérables sans cadre clair. Il invite à considérer la connaissance et la clarté comme des instruments essentiels de guérison et de restauration.

CHAPITRE IV

Établir des limites dans le mariage est difficile parce que cela touche au cœur même de l'identité, du besoin d'amour, de sécurité et d'appartenance. La plupart des couples commencent avec espoir plutôt qu'avec prudence, convaincus que l'amour et le temps régleront les difficultés. Les comportements problématiques sont alors minimisés, justifiés ou tolérés, jusqu'à ce que l'investissement émotionnel rende toute remise en question coûteuse. Pour de nombreux croyants, la difficulté est renforcée par une compréhension spirituelle qui valorise l'endurance, la soumission et le sacrifice, parfois au détriment du discernement et de la responsabilité. La peur du conflit, du rejet ou de la perte de la relation pousse à préférer une stabilité fragile à l'inconnu. La culpabilité, surtout chez les partenaires empathiques, remplace peu à peu le discernement et fait paraître les limites cruelles ou égoïstes. Les déséquilibres de pouvoir et les traumatismes passés accentuent encore cette difficulté, car l'adaptation devient un mécanisme de survie. Souvent, la prise de conscience arrive tard, non comme une trahison, mais comme un éveil nécessaire. Poser des limites change la relation : cela révèle la vérité, restaure la responsabilité et met fin aux illusions. Loin d'être un échec conjugal, l'établissement de limites est un signe de croissance, de maturité et de respect de soi, indispensable à une relation saine et vivante.

Pourquoi est-il si difficile d'établir des limites dans le mariage ?

UNE FOIS QUE LES GENS commencent à comprendre les dégâts causés par l'absence de limites, une question douloureuse surgit souvent : si les limites sont si nécessaires, pourquoi ne les ai-je pas établies plus tôt ? Cette question est rarement posée par curiosité. Elle est généralement posée avec regret, culpabilité ou un reproche silencieux envers soi-même.

> Ce chapitre a pour but d'y répondre honnêtement, sans se dérober à ses responsabilités et sans faire honte au lecteur.

Les limites ne sont pas difficiles à fixer parce que les gens sont faibles. Elles le sont parce que le mariage touche aux aspects les plus profonds de notre identité, de nos peurs, de nos croyances et de notre besoin d'appartenance. Il fait écho à notre besoin d'être aimés, acceptés, choisis et en sécurité. Et tout ce qui menace ces besoins sera perçu comme risqué, même si c'est juste.

Le pouvoir de l'espoir dans la petite enfance

La plupart des mariages débutent par l'espoir, non par la prudence. Les époux s'engagent l'un envers l'autre en croyant au meilleur de l'autre. Ils partent du principe que les difficultés sont passagères, que les aspérités s'atténueront et que l'amour mûrira avec le temps. Ils croient que l'être humain est susceptible d'évoluer.

Durant cette période, les limites semblent superflues. Les comportements qui deviendront plus tard douloureux sont souvent justifiés par le stress, l'immaturité ou une période d'adaptation. L'espoir murmure que la patience sera récompensée, que la croissance est inévitable et que les choses finiront par s'apaiser.

Et parfois, c'est le cas. Mais parfois, non.

Quand les schémas se révèlent enfin, l'investissement émotionnel est déjà profond. L'histoire s'est écrite. Les vies se sont entremêlées. Revenir en arrière n'est plus chose aisée.

Il devient beaucoup plus difficile d'établir des limites une fois que le coût des perturbations devient visible.

La foi en conflit

Pour beaucoup de croyants, fixer des limites est difficile, non pas par manque de conviction, mais parce qu'on leur a enseigné une conception restrictive de la fidélité. On loue l'endurance, on insiste sur la soumission et on valorise le pardon, souvent sans accorder la même importance à la responsabilité, à la sagesse ou à la protection.

Cela crée des conflits internes.

On se demande si poser des limites est un signe de manque d'amour ou de spiritualité. On craint que dire non ne soit perçu comme un manque de grâce ou d'humilité. On confond le sacrifice à l'image du Christ avec une négligence constante de soi-même.

Dans ce contexte tendu, poser des limites est perçu comme de la désobéissance, même lorsqu'elles sont nécessaires. L'obéissance est considérée comme une soumission. Dire « non », remettre en question les attentes ou limiter l'accès est donc perçu comme un acte de rébellion, même si ces limites sont saines et nécessaires.

Bibliquement parlant, l'obéissance est l'allégeance à la volonté de Dieu, et non la soumission aux hommes. Jésus lui-même a régulièrement refusé des demandes, s'est retiré des foules et a fixé des limites sans pécher.

Mais la foi n'a jamais eu pour vocation de supplanter le discernement. L'amour n'a jamais eu pour vocation d'annuler la sagesse. Et l'alliance n'a jamais eu pour vocation de faire taire la conscience.

La peur du coût potentiel des limites

Les limites menacent la stabilité, même une stabilité précaire. La plupart des gens aspirent à la stabilité et ne veulent pas risquer de voir leurs appuis se dérober, même si le sol est instable et les engloutit lentement, comme des sables mouvants.

Elles soulèvent des questions délicates : Et si cela crée un conflit ? Et si la situation s'aggrave ? Et si je suis mal compris ? Et si je suis rejeté ? Et si je perds définitivement la relation ?

Pour beaucoup, il semble plus sûr de tolérer ce qui est familier que de risquer l'inconnu.

La peur pousse les gens à endurer des comportements qu'ils ne recommanderaient jamais à autrui. Elle leur murmure que la paix, aussi fragile soit-elle, vaut mieux que le chaos.

Mais ce que la peur protège à court terme, elle le détruit souvent à long terme.

Le poids de la culpabilité

Dans de nombreux mariages, notamment ceux qui impliquent des partenaires empathiques ou attentionnés, la culpabilité devient un obstacle majeur à l'établissement de limites.

L'un des partenaires finit par porter une responsabilité émotionnelle disproportionnée au sein du couple. Il se retrouve à assumer la majeure partie du travail émotionnel : gérer les émotions, maintenir la paix, résoudre les problèmes et préserver la cohésion du couple. L'autre partenaire a beaucoup moins à faire. Avec le temps, ce déséquilibre s'installe et épuise celui ou celle qui porte le plus de responsabilités.

Ils remettent en question leurs réactions. Ils minimisent leurs besoins. Ils craignent d'en faire « trop » ou d'être « trop sensibles ». Lorsqu'ils envisagent de fixer des limites, la culpabilité prend la première parole.

La culpabilité dit : Tu exagères. La culpabilité dit : Tu devrais être plus patient. La culpabilité dit : Regarde tout ce qu'ils font pour toi.

Avec le temps, la culpabilité remplace le discernement.

Les limites paraissent cruelles, non pas parce qu'elles sont mauvaises, mais parce que la culpabilité a pris trop d'importance.

Des déséquilibres de pouvoir qui font monter les enjeux

Tous les mariages ne sont pas synonymes de pouvoir égal. Le pouvoir peut provenir de la personnalité, des finances, du niveau d'éducation, de l'autorité spirituelle ou de la domination émotionnelle. Lorsque le pouvoir est inégal, les limites peuvent paraître particulièrement dangereuses.

Le partenaire en position de faiblesse peut craindre des conséquences : retrait, escalade, punition ou représailles émotionnelles. Il se peut qu'il ait appris, consciemment ou non, que prendre la parole ne fait qu'empirer les choses.

Dans ces mariages, fixer des limites n'est pas seulement inconfortable. C'est un acte de courage.

Le courage surgit souvent tardivement, après l'épuisement, l'engourdissement ou l'effondrement. La répression émotionnelle est comme la vapeur emprisonnée dans un récipient sous pression : elle commence doucement, mais s'intensifie progressivement, jusqu'à ce qu'il ne reste plus qu'une seule issue : la rupture du récipient.

Traumatisme et habitude d'adaptation

Les personnes ayant subi un traumatisme précoce ont souvent appris que la sécurité passait par l'adaptation. Elles sont devenues expertes dans l'interprétation des humeurs, l'anticipation des réactions et l'ajustement de leur propre comportement, afin de maintenir la paix.

Dans le mariage, ces schémas se reproduisent automatiquement. La personne ne pense pas : « Je dois poser des limites ». Elle se demande plutôt : « Comment éviter que la situation ne s'envenime ? »

Le traumatisme apprend aux gens à s'adapter, et non à affronter la réalité.

Les limites nécessitent un sentiment de sécurité. Sans elles, les instincts de survie prennent le dessus. C'est pourquoi certains ne s'éveillent qu'après des années d'endurance silencieuse.

Le choc de se réveiller tard

L'un des aspects les plus difficiles du travail sur les limites est peut-être la prise de conscience tardive, réaliser, des années après le début du mariage, qu'il manquait quelque chose de fondamental.

Les gens se sentent désorientés. Ils se demandent s'ils ont trahi leur conjoint simplement en devenant plus honnêtes. Ils craignent que changer maintenant soit injuste, déstabilisant ou égoïste.

Mais l'éveil n'est pas une trahison. Il devient évident quand le déni ne peut plus vous protéger.

Éphésiens 5:4 : « C'est pourquoi il dit : "Réveillez-vous, vous qui dormez, relevez-vous d'entre les morts et Christ vous donnera la lumière." »

On ne peut établir de limites avant d'en percevoir la nécessité. Or, cette perception survient souvent après un développement des capacités. À mesure que ces capacités se développent, par la maturité, l'expérience ou la guérison, on acquiert la clarté et la force nécessaires pour discerner les lacunes en matière de limites et comprendre leur importance.

Les limites changent la relation

Cette vérité est indéniable : les frontières modifient la dynamique relationnelle.

Elles instaurent l'honnêteté là où régnait le silence, la responsabilité là où régnait la complaisance et l'égalité là où le déséquilibre était la norme.

Certaines relations se renforcent sous cette pression. D'autres y résistent. Certaines révèlent des limites qui ont toujours été présentes, mais jamais nommées.

C'est cette incertitude qui explique pourquoi les gens tardent à poser des limites. Ils craignent ce qui sera révélé.

Mais le fait d'éviter les limites ne préserve pas la relation. Cela préserve l'illusion.

Remettre à plus tard la fixation de limites est plus néfaste que bénéfique sur le long terme. Porter un fardeau excessif épuise émotionnellement, engendre de la colère et, peu à peu, une perte d'identité et de concentration. La colère refoulée s'accumule jusqu'à exploser sous forme de dispute. Parallèlement, les mauvaises habitudes se renforcent et sont banalisées. Le manque d'honnêteté engendre la perte de confiance et freine la progression de tous, car les responsabilités ne sont jamais assumées. Plus on repousse l'échéance, plus il devient difficile et perturbateur de fixer des limites, ce qui engendre résistance et instabilité. Ce que l'on évite aujourd'hui ne disparaît pas ; cela revient plus tard, à un prix bien plus élevé.

Un recadrage nécessaire

Poser des limites n'est pas un signe d'échec conjugal. Bien souvent, c'est le premier signe qu'une personne cesse de s'oublier elle-même.

Ce ne sont pas des signes d'endurcissement du cœur. Ce sont des signes de croissance.

Si poser des limites vous semble difficile, ce n'est pas parce que vous avez tort. C'est parce que vous modifiez des schémas qui, autrefois, assuraient la stabilité de la relation, et cela a un prix.

Réflexion

Il est souvent difficile de poser des limites, non pas parce qu'elles sont mauvaises en soi, mais parce qu'elles menacent ce qui nous protégeait autrefois. Réfléchissez à ce qui a rendu la mise en place de limites difficile pour vous : la peur, la culpabilité, un doute sur vos convictions, un déséquilibre de pouvoir ou des schémas d'adaptation acquis. Demandez-vous avec douceur : que protégeais-je en évitant les limites ? La compassion envers soi-même fait partie de la maturité.

Prière

Dieu de compassion, viens à ma rencontre là où la peur a influencé mes choix. Remplace la culpabilité par la lucidité et la confusion par la sagesse qui mène à la vie. Amen.

Résumé

> Établir des limites dans le mariage peut s'avérer difficile en raison des investissements émotionnels, des peurs personnelles et des croyances sociétales concernant la persévérance et l'amour. Nombreux sont ceux qui culpabilisent de ne pas avoir posé de limites plus tôt, ignorant souvent les comportements négatifs jusqu'à ce qu'ils s'aggravent. Un déséquilibre de pouvoir au sein du couple et des expériences stressantes passées peuvent compliquer davantage la tâche. La prise de conscience de la nécessité de fixer des limites peut survenir plus tard, engendrant de la confusion. Pourtant, établir des limites favorise l'honnêteté et l'équité dans la relation, reflétant l'épanouissement personnel et un sentiment d'appartenance plus fort au sein du couple. Faire preuve d'auto-compassion est essentiel pour surmonter les obstacles à la fixation de limites.

CHAPITRE V

Ce chapitre montre que fixer des limites ne signifie pas provoquer un conflit, mais instaurer de la clarté. Les limites ne servent pas à changer l'autre, mais à dire la vérité sur soi avec calme et cohérence. Elles commencent à l'intérieur, par une décision claire sur ce qui est acceptable ou non, avant toute conversation. Lorsqu'elles sont formulées sans accusation, sans menace et avec des mots précis, elles réduisent la confusion et favorisent la responsabilité. Le ton et le moment comptent davantage que la perfection des phrases, car les limites posées dans le calme invitent à une relation plus saine. Le malaise qui accompagne souvent leur mise en place n'est pas un échec, mais le signe d'un ajustement nécessaire. Les limites ne sont pas négociables et doivent être soutenues par des conséquences cohérentes, non comme des punitions, mais comme une protection de soi. La culpabilité qui surgit est normale et passagère. Avec le temps, elle cède la place au respect de soi. Ainsi, les limites deviennent un acte de responsabilité qui permet à l'amour de rester vivant, droit et durable.

Comment fixer des limites sans transformer l'amour en guerre ?

POUR BEAUCOUP, L'IDÉE DE FIXER des limites évoque immédiatement la confrontation. Ils imaginent des conversations tendues, des cris, des ultimatums ou des répercussions émotionnelles. Cette seule crainte maintient souvent les limites dans la théorie plutôt que dans la réalité.

Mais des limites saines ne se créent pas par l'intensité.

Elles sont créées par la clarté.

Poser des limites ne consiste pas à changer son conjoint. Il s'agit de dire la vérité sur soi-même, calmement, constamment et sans s'excuser d'exister.

Les limites commencent à l'intérieur, pas dans la conversation

Avant de poser une limite, il est essentiel de l'établir intérieurement. Cela signifie que la personne doit d'abord choisir ce dont elle est responsable, ce qu'elle peut accepter et ce qu'elle n'est plus disposée à supporter. Sans cette résolution intérieure, les limites ont tendance à s'exprimer de manière incohérente, défensive ou teintée de culpabilité, car la personne est encore en proie au doute plutôt que solidement ancrée dans ses convictions.

Nombreuses sont les personnes qui tentent de fixer des limites avant même de savoir clairement ce dont elles ont réellement besoin. Cela engendre alors confusion, repli sur soi ou posture défensive.

Ce n'est pas dans le feu de l'action qu'une limite se révèle, mais dans une honnêteté sereine.

Cela implique souvent de se poser des questions difficiles : Quelles situations me font me sentir diminué(e) ? Quels comportements est-ce que je tolère et qui, insidieusement, érodent ma tranquillité ? Qu'ai-je normalisé alors que cela viole en réalité mes valeurs ?

Tant que ces questions n'auront pas trouvé de réponse en privé, les limites resteront floues en public. La clarté donne aux limites leur force.

La différence entre nommer une limite et attaquer une personne

L'une des erreurs les plus fréquentes lorsqu'il s'agit de fixer des limites est de les présenter comme des critiques de caractère. Lorsque les limites sonnent comme des accusations, elles suscitent une attitude défensive plutôt qu'une réflexion.

Il existe une différence significative entre dire : « Tu ne m'écoutes jamais » et dire : « Je ne suis plus disposé(e) à participer à des conversations où ma voix est ignorée. »

La première désigne un coupable. La seconde affirme une responsabilité personnelle.

Les limites sont plus efficaces lorsqu'elles décrivent votre participation à la relation, et non les défauts supposés de votre conjoint.

Parler sans menacer

Des limites saines ne reposent ni sur les menaces ni sur la manipulation émotionnelle. Elles ne sont ni des avertissements ni des moyens de pression. Elles sont simplement l'énoncé d'une réalité.

Une limite peut se formuler ainsi : « Lorsque les conversations deviennent irrespectueuses, je prends du recul et j'y reviens plus tard. »

Cette déclaration n'exprime ni colère, ni exigence, ni tentative de contrôle. Elle décrit simplement ce qui va se passer.

La force d'une limite ne réside pas dans la vigueur avec laquelle elle est énoncée, mais dans la fidélité avec laquelle elle est vécue.

Pourquoi la spécificité est essentielle

Les limites floues s'effondrent sous la pression. Des phrases comme « Il faut que ça change » ou « J'ai besoin de plus de respect » sont souvent bien intentionnées, mais demeurent inefficaces. Elles laissent trop de place à l'interprétation.

La spécificité dissipe la confusion.

Lorsque les attentes sont claires, les responsabilités deviennent visibles. Et lorsque les responsabilités sont visibles, il devient plus difficile de nier les schémas répétitifs.

Les limites n'ont pas besoin d'être spectaculaires. Elles doivent être compréhensibles.

Le moment et le ton comptent plus que la perfection des mots

Beaucoup attendent d'être submergés par leurs émotions avant de poser des limites. À ce stade, la limite apparaît explosive plutôt que rassurante. En cherchant à éviter le conflit, on refoule ses émotions jusqu'à ce que la pression devienne insoutenable, provoquant des paroles blessantes et des dégâts supplémentaires.

Il est préférable d'établir des limites lorsque le système nerveux est apaisé. Cela ne garantit pas l'accord, mais augmente considérablement les chances d'une communication claire.

Le ton est déterminant, car les limites ne sont pas des punitions. Elles sont une invitation à une relation plus saine. Même face à la résistance, elles doivent être posées sans mépris. Le calme n'est pas une faiblesse. C'est une autorité maîtrisée.

Attendez-vous à un certain inconfort, sans le mal interpréter

Poser des limites crée presque toujours un malaise, surtout dans les relations où elles étaient absentes. Ce malaise est souvent confondu avec l'idée que quelque chose ne va pas.

Or, le malaise n'est pas la rupture. La rupture survient lorsque la relation est profondément endommagée, laissant des cicatrices durables. Le malaise, lui, indique un ajustement en cours.

Le changement dérange parce qu'il bouscule les habitudes. Lorsqu'une personne cesse de s'adapter silencieusement, l'équilibre relationnel doit se réorganiser.

Le malaise signifie que la limite est ressentie, non qu'elle est erronée.

Les frontières ne sont pas négociables

Il s'agit ici d'une distinction subtile mais essentielle.

Les limites ne sont pas une invitation à débattre de votre valeur, de vos besoins ou de votre droit à exister pleinement. Elles ne sont pas des plaidoyers à défendre.

Une fois posées, il n'est pas nécessaire de s'y attarder indéfiniment. Trop d'explications affaiblissent la détermination et ouvrent la porte à des négociations là où la clarté est requise.

Les limites ne sont pas des arguments à gagner, mais des principes de vie. Dans le mariage, elles doivent favoriser une dynamique gagnant-gagnant, et non une relation où l'un s'efface au profit de l'autre.

Le rôle des conséquences

Toute limite authentique comporte une conséquence, non comme une punition, mais comme un alignement. Une limite sans conséquence n'est qu'une préférence.

Les conséquences décrivent simplement ce que vous ferez pour vous protéger si la limite est franchie. Il ne s'agit pas de représailles, mais de cohérence personnelle.

Lorsque les conséquences sont appliquées avec constance, les limites cessent d'être abstraites et commencent à façonner la réalité quotidienne de la relation.

Quand la culpabilité apparaît

La culpabilité surgit presque toujours lorsque les limites sont nouvelles, surtout chez ceux qui ont longtemps fait passer les autres avant eux-mêmes.

Cette culpabilité n'est pas un signe d'erreur. Elle indique simplement une rupture avec une habitude profondément enracinée.

Avec le temps et la constance, le respect de soi remplace le doute.

Une douce vérité

Vous n'avez pas besoin d'autorisation pour protéger votre bien-être émotionnel, spirituel ou psychologique. L'amour n'exige pas l'abandon de soi. L'engagement n'exige pas le silence. Les limites ne sont pas des actes de rébellion. Ce sont des actes de responsabilité.

C'est ainsi que l'amour apprend à se tenir droit, au lieu de s'effondrer sur lui-même.

Réflexion

Réfléchissez aux limites dont vous pourriez avoir besoin aujourd'hui, non comme des armes, mais comme des expressions de vérité. Observez la sensation de clarté dans votre corps. Notez où surgissent le soulagement et la résistance.

Demandez-vous : Quelle vérité sur moi-même suis-je prêt(e) à révéler sans accusation ni excuses ?

Les limites commencent lorsque l'honnêteté devient plus sûre que le silence.

Prière

Dieu de courage,
donne-moi des paroles justes, sereines et vraies.
Aide-moi à parler sans agressivité
et à rester ferme sans crainte.

Amen.

Résumé

Établir des limites dans le mariage est souvent difficile en raison des investissements émotionnels et de la peur du conflit, générant tristesse et culpabilité. Animés par l'espoir et la foi en la résilience du couple, de nombreux partenaires tardent à poser des limites, préférant le confort familier, même malsain, à l'incertitude de la confrontation. Les déséquilibres de pouvoir peuvent accentuer cette difficulté, notamment pour la personne en position de vulnérabilité. Ce chapitre souligne que la prise de conscience du besoin de limites survient parfois tardivement, laissant un sentiment de désarroi. Pourtant, les limites favorisent l'équité, l'honnêteté et la préservation de l'identité individuelle. Elles représentent une évolution personnelle, non un échec relationnel. L'auto-compassion et la réflexion lucide sur les obstacles internes sont essentielles à ce processus de croissance.

CHAPITRE VI

Ce chapitre montre que des limites saines se vivent dans le quotidien par des paroles simples, claires et respectueuses. Elles ne sont ni des ultimatums ni des accusations, mais l'expression honnête de ce que l'on peut accepter et de ce que l'on ne peut plus porter. Elles commencent à l'intérieur, par une clarté personnelle, avant d'être exprimées à l'autre avec calme et cohérence. Les limites protègent la relation lorsque les émotions débordent, lorsque le temps et l'énergie s'épuisent, ou lorsque le pardon est confondu avec une confiance immédiate. Elles permettent aussi de préserver l'unité du couple face aux pressions familiales, d'aborder l'argent sans contrôle, de garantir la sécurité et le consentement dans l'intimité, et d'empêcher que la foi serve à éviter les conversations nécessaires. Posées avec le bon ton et au bon moment, elles remplacent le silence par la vérité et l'ambiguïté par la responsabilité. Loin d'éloigner, des limites bien formulées créent l'espace d'une relation plus sûre, plus libre et plus profondément connectée.

À quoi ressemblent des limites saines dans la vraie vie ?

L'UNE DES QUESTIONS LES PLUS fréquentes que les personnes se posent après avoir compris l'importance des limites, et même après avoir accepté la nécessité de les faire respecter, est d'une simplicité trompeuse : « Mais que dois-je dire concrètement ? »

Cette question est essentielle, car les limites ne résident pas uniquement dans le cœur ou dans l'esprit. Elles se manifestent aussi par les mots, le ton, le moment choisi et la manière d'être présent. Beaucoup adhèrent à l'idée de limites, mais peinent à les exprimer. Non par manque de courage, mais par crainte de paraître insensibles, durs, peu spirituels ou source de division.

Des limites saines ne sont pas imposées comme des ultimatums. Elles sont exprimées comme une vérité énoncée avec assurance et clarté.

Les exemples qui suivent ne sont pas des phrases à mémoriser, mais des illustrations de sagesse relationnelle. Ils visent à aider le lecteur à reconnaître à quoi ressemblent des limites lorsqu'elles sont fondées sur l'amour, la dignité et la responsabilité.

Quand les émotions commencent à submerger la relation

Les limites émotionnelles sont souvent les premières à être franchies, et les plus difficiles à exprimer. Beaucoup prolongent une conversation bien au-delà du moment opportun, non parce qu'une solution se profile, mais parce qu'ils craignent qu'une pause soit interprétée comme un rejet.

Une limite émotionnelle saine ne rompt pas le lien. Elle le protège.

Dans la réalité, cela peut ressembler à ceci : « J'aimerais en parler, mais je me sens submergé(e) par mes émotions. J'ai besoin d'une pause pour rester présent(e) et honnête. » Ou : « Quand la conversation devient accusatrice, je me ferme. Je suis disposé(e) à continuer, mais pas sur ce ton. »

Ces affirmations n'attaquent pas l'autre personne. Elles mettent en lumière une réalité intérieure et créent les conditions d'un dialogue respectueux. Elles expriment à la fois l'ouverture et la limite.

Lorsque le temps et l'énergie s'épuisent

Beaucoup s'épuisent bien avant que les autres ne le remarquent. Dire oui devient un réflexe. Se reposer semble égoïste. Prendre de la distance paraît irresponsable.

Pourtant, un amour constamment épuisé finit par engendrer du ressentiment. Aimer demande de l'élan, de la liberté et un choix renouvelé. Lorsqu'on donne sans cesse, sans limites ni réciprocité, l'amour se transforme lentement : la bienveillance devient devoir, le devoir devient lassitude, et la lassitude se mue en colère.

Une limite saine concernant le temps ne requiert pas de justification. Elle exige de l'honnêteté.

Cela peut se traduire ainsi : « J'ai besoin de temps pour réfléchir avant de m'engager. Je te recontacte demain. » Ou : « Je ne peux pas accorder à cela l'attention que cela mérite pour le moment. Dire non est, ici, un choix responsable. »

Ces paroles honorent la réalité, freinent les décisions prises sous pression et protègent la relation du ressentiment silencieux.

Quand le pardon est confondu avec la confiance immédiate

L'une des confusions les plus douloureuses dans les relations, surtout dans les contextes de foi, est l'idée que le pardon devrait immédiatement rétablir la confiance et l'accès total à l'autre. Ce malentendu peut entraîner de nouvelles blessures lorsque les limites nécessaires ne sont pas posées. Le pardon est un chemin profond et exigeant ; il n'implique pas automatiquement la restauration de la confiance. Celle-ci se reconstruit par des comportements responsables, répétés et cohérents.

Des limites saines permettent de distinguer clairement ces deux réalités. Dans la pratique, cela peut ressembler à ceci : « Je t'ai pardonné, mais rétablir la confiance demandera du temps et de la constance. » Ou : « Je suis ouvert(e) à la restauration, mais j'ai besoin de voir des changements concrets avant que les choses ne reprennent comme avant. »

Ce langage affirme la réalité du pardon tout en rappelant que la confiance ne se décrète pas.

Quand la famille d'origine commence à s'immiscer

De nombreux conflits conjugaux ne naissent pas entre deux personnes, mais entre le couple et des influences extérieures. Attentes familiales, pressions implicites ou messages contradictoires peuvent, sans être questionnés, fragiliser l'unité du couple.

L'influence familiale, lorsqu'elle n'est pas régulée, peut miner l'intimité et la cohésion.

Ici, poser une limite n'est pas un rejet, mais une réorganisation des priorités.

Cela peut s'exprimer ainsi : « Ma famille est importante pour moi, mais les décisions concernant notre mariage doivent rester entre nous. » Ou : « Je ne suis pas à l'aise d'en parler avec d'autres. Discutons-en d'abord ensemble. »

Ces paroles honorent la famille tout en protégeant l'espace sacré du couple.

Quand les finances deviennent une source de tension ou de contrôle

L'argent est rarement une simple question matérielle. Il reflète souvent des peurs, des besoins de contrôle ou des attentes non formulées.

Des limites financières saines permettent d'assumer ses responsabilités sans accuser.

Par exemple : « J'ai besoin de transparence concernant nos finances pour me sentir en sécurité. » Ou : « Je ne suis pas à l'aise de prendre cette décision sans discussion et sans accord mutuel. »

Ces mots favorisent la collaboration plutôt que la domination.

Quand l'intimité sexuelle exige sécurité et consentement

Les limites sexuelles figurent parmi les plus délicates, et les plus essentielles. Une intimité vécue comme une obligation, sans dialogue, érode lentement la confiance.

Une limite sexuelle saine n'est pas un rejet. Elle protège le désir et la relation.

Cela peut se dire ainsi : « Je désire l'intimité, mais j'ai aussi besoin de sécurité émotionnelle. » Ou : « Je ne suis pas prêt(e) pour le moment. Parlons de ce que nous ressentons chacun. »

Ce langage honore à la fois le lien et le consentement.

Quand la foi sert à éviter les conversations nécessaires

Le langage spirituel peut parfois devenir une échappatoire. La prière remplace l'honnêteté. La foi sert à contourner la responsabilité.

Une limite saine rétablit l'équilibre. Par exemple : « Je crois en la prière, et je crois aussi que nous devons parler honnêtement de ce qui se passe. » Ou : « Avoir confiance en Dieu ne signifie pas éviter cette conversation. »

Ces paroles affirment la foi sans nier la nécessité du dialogue.

Un dernier mot sur le ton et le moment

Les limites ne concernent pas seulement ce qui est dit, mais aussi comment et quand cela est dit.

Des limites saines :

- sont calmes plutôt que réactives ;
- sont claires plutôt que verbeuses ;
- sont cohérentes plutôt qu'émotionnelles ;
- privilégient la responsabilité plutôt que la conformité.

Elles sont exprimées avec humilité, non avec supériorité. Avec fermeté, non avec peur.

Avec amour, non avec culpabilité.

Ce langage s'apprend. Il peut sembler maladroit au début, surtout pour ceux qui ont appris à privilégier la paix au détriment de la vérité. Mais avec le temps, ces mots deviennent un pont entre l'amour et l'honnêteté, entre la grâce et la sagesse.

Bien formulées, les limites n'éloignent pas. Elles créent l'espace d'une véritable connexion.

Réflexion

Réfléchissez aux limites qui vous sont demandées aujourd'hui, non comme des formules préparées, mais comme l'expression authentique de votre vécu. Observez vos réactions intérieures lorsque vous imaginez les formuler : à quel moment votre corps se détend-il ? À quel moment se crispe-t-il ?

Identifiez les domaines où vous vous êtes surchargé(e), trop engagé(e), ou où vous avez entretenu l'ambiguïté pour préserver l'harmonie. Observez ce qui change lorsque la précision remplace l'explication excessive, et lorsque la responsabilité prend la place de l'autojustification.

Demandez-vous : Quelle vérité dois-je exprimer avec clarté et sérénité pour préserver l'intégrité de l'amour ?

Des limites saines s'épanouissent lorsque la vérité est dite avec respect, et non avec crainte.

Prière

Dieu de sagesse et de vérité,
Apprends-moi à communiquer avec clarté.
Aide-moi à dire la vérité sans blesser
et à maintenir mes limites sans culpabilité.
Accorde-moi le courage de faire une pause,
la grâce d'être précis(e)
et la constance de vivre selon mes paroles.
Que mes mots construisent les liens au lieu de les briser,
et que l'amour soit guidé par l'honnêteté,
et non par le silence.
Amen.

Résumé

Des limites saines se reconnaissent à une communication claire, calme et honnête au quotidien. Elles ne prennent pas la forme d'exigences ou d'accusations, mais d'affirmations de responsabilité personnelle enracinées dans l'amour et le respect. À travers des exemples concrets, ce chapitre montre comment les limites protègent les liens affectifs, préviennent l'épuisement et la colère, distinguent le pardon de la confiance, et préservent le mariage des influences extérieures. Il met en lumière l'importance de limites claires concernant le temps, l'argent, l'intimité et la vie spirituelle. Lorsqu'elles sont posées avec humilité et cohérence, les limites ne détruisent pas la relation ; elles en deviennent le socle, favorisant une confiance renouvelée et une connexion authentique.

CHAPITRE VII

Ce chapitre montre que la difficulté majeure ne réside pas dans le fait de poser des limites. Mais dans la capacité à les maintenir lorsque surgissent la résistance, la culpabilité et l'intensité émotionnelle. Les limites sont souvent mises à l'épreuve parce qu'elles modifient des habitudes anciennes et redistribuent les rôles au sein de la relation ; être testé ne signifie donc pas qu'une limite a échoué, mais qu'elle a été reconnue. Les faire respecter ne demande pas plus d'explications, mais de la cohérence entre les paroles et les actes, exprimée avec calme et constance. La culpabilité qui apparaît n'est pas toujours le signe d'une faute, mais souvent celui d'une croissance intérieure. Les réactions émotionnelles fortes révèlent l'inconfort du changement, sans invalider la justesse de la limite. Le chapitre insiste sur une distinction essentielle : l'inconfort peut accompagner la transformation, mais le danger ne doit jamais être toléré. Lorsque les limites sont ignorées de façon répétée, des mesures plus fermes peuvent devenir nécessaires pour se protéger. Ainsi, faire respecter ses limites n'est ni une punition ni une quête de contrôle, mais un engagement envers l'intégrité, la sagesse et une relation fondée sur la vérité et la sécurité.

Faire respecter les limites lorsqu'elles sont mises à l'épreuve

La plupart des individus comprennent aisément la notion de limite. Leur véritable difficulté ne réside pas dans sa formulation, mais dans sa mise en œuvre lorsque les émotions s'exacerbent, que les résistances émergent et que la culpabilité s'insinue. Fixer une limite est un acte initial ; la faire respecter avec constance, surtout lorsqu'elle devient inconfortable, constitue une épreuve d'un tout autre ordre. C'est précisément à ce stade que beaucoup trébuchent, non parce qu'ils se sont trompés en posant une limite, mais parce qu'ils ont sous-estimé l'exigence intérieure que son application requiert.

Pourquoi les limites sont-elles mises à l'épreuve ?

Les limites bouleversent les schémas établis. Lorsqu'une relation s'est longtemps développée dans l'absence de cadre, l'introduction de la clarté modifie profondément la dynamique : les rôles se redéfinissent, les attentes se réajustent, l'accès se régule.

Il n'est pas rare qu'un conjoint éprouve une limite nouvellement posée en la contournant, en exigeant davantage que ce qui peut raisonnablement être accordé, ou en recourant à la culpabilisation pour infléchir une décision. Ces comportements ne relèvent pas toujours de la malveillance. Ils procèdent souvent de la peur, de l'insécurité ou d'habitudes relationnelles désormais obsolètes.

Les mises à l'épreuve ne sont donc pas nécessairement hostiles. Elles peuvent être inconscientes, confuses ou constituer une forme de résistance au changement. Parfois encore, elles traduisent une tentative, volontaire ou non, de vérifier si l'ancien fonctionnement finira par se rétablir.

Être testé ne signifie pas que la limite a échoué. Cela signifie qu'elle a été perçue.

Expliquer ou incarner : une distinction essentielle

Lorsqu'une limite est franchie, nombreux sont ceux qui ressentent le besoin de s'expliquer davantage. Ils reformulent, précisent, contextualisent, espérant qu'un surplus de mots produira un changement de comportement.

Or, les limites ne s'imposent pas par l'abondance d'explications. À partir d'un certain seuil, expliquer sans cesse affaiblit la frontière posée. La répétition transforme la limite en objet de négociation et suggère une hésitation, même lorsqu'elle n'existe pas.

Faire respecter une limite ne requiert pas davantage de discours, mais une fidélité aux actes. La constance parle plus fort que les arguments. Il ne suffit pas d'énoncer ses limites : il faut les incarner.

Ayez confiance en la sagesse divine : les limites saines n'éloignent pas, elles pacifient.

À quoi ressemble concrètement l'application d'une limite ?

L'application d'une limite est rarement spectaculaire. Elle ne s'exprime ni par la violence des mots ni par des démonstrations émotionnelles. Elle est, le plus souvent, silencieuse, discrète et répétée.

Elle peut consister à mettre fin à une conversation dès les premiers signes d'irrespect.

À prendre du recul plutôt qu'à nourrir l'escalade. À cesser de tolérer des comportements qui produisent des effets destructeurs. À restreindre l'accès lorsque la confiance a été trahie.

Faire respecter une limite, c'est simplement aligner ses actes sur la parole donnée.

Demeurer calme face à l'intensité émotionnelle

L'un des défis majeurs de l'application des limites réside dans la capacité à préserver son calme lorsque les émotions montent. Face à la remise en question d'une limite, d'anciennes peurs surgissent : *Suis-je trop rigide ? Est-ce excessif ? Ne vais-je pas aggraver la situation ?*

Le calme n'est pas synonyme d'indifférence. Le calme est une forme élevée de confiance en soi.

Il n'est pas nécessaire de défendre sans cesse ses limites. Il suffit de les vivre. La cohérence communique infiniment plus que l'intensité.

Lorsque la culpabilité cherche à invalider le progrès

La culpabilité surgit fréquemment après l'application d'une limite, en particulier chez ceux qui ont longtemps privilégié l'harmonie au détriment de la vérité. Elle murmure que l'on est dur, égoïste ou insensible. Elle suggère que la paix apparente devrait primer sur l'intégrité.

Pourtant, poser des limites ne relève pas d'un déficit d'amour, mais d'un choix en faveur de l'honnêteté, du respect et de la santé émotionnelle.

La culpabilité n'est pas toujours le signe d'une faute. Elle peut être l'indicateur d'une croissance en cours. Lorsque des habitudes profondément enracinées sont remises en question, un malaise est inévitable. Avec le temps, la constance dissipe la culpabilité, et le respect de soi remplace le doute.

Reconnaître les résistances émotionnelles

L'instauration de limites suscite parfois des réactions émotionnelles intenses : colère, retrait, silence prolongé, reproches, accusations d'indifférence ou de changement de personnalité.

Ces réactions ne signifient pas que la limite est injuste. Bien souvent, elles en confirment la nécessité.

Il importe de ne pas confondre malaise émotionnel et détérioration relationnelle. La croissance apparaît fréquemment comme une perturbation avant de devenir une source de stabilité.

Distinguer l'inconfort du préjudice

Une distinction fondamentale s'impose : l'inconfort accompagne le changement ; le mal ne l'accompagne jamais. L'inconfort n'est pas un danger, mais le passage vers une relation plus juste et plus respectueuse.

Les limites peuvent générer des tensions, mais elles ne doivent jamais exposer à un danger émotionnel, psychologique ou physique. Lorsque leur application entraîne des menaces, des intimidations ou une escalade de la violence, un soutien extérieur devient indispensable.

La sagesse n'exige pas l'isolement. La sécurité n'est jamais négociable.

Lorsque les limites sont systématiquement ignorées

Lorsqu'une limite est clairement formulée, appliquée avec constance et néanmoins transgressée de manière répétée, il ne s'agit plus d'un malentendu, mais d'une résistance assumée.

Un conjoint peut contester une limite par la dispute, le blâme, la culpabilisation, l'ignorance ou une posture de victimisation. Ces réactions traduisent souvent la peur du changement ou la crainte de perdre l'accès antérieur. Pourtant, amour et limites ne s'excluent pas : ils constituent ensemble le socle de la confiance et de la sécurité conjugales.

Dans ces situations, l'application de la limite peut nécessiter un renforcement, non à titre de punition, mais de protection. Cela peut impliquer un éloignement accru, une médiation, un accompagnement responsabilisant, voire une séparation temporaire.

Ces démarches ne sont pas des échecs. Elles sont des réponses proportionnées à la réalité. Elles témoignent d'une fidélité à soi-même et d'un choix conscient de la sagesse.

Ce que révèle la manière dont une limite est reçue

La réaction d'une personne face à une limite en dit bien plus que ses paroles.

Le respect témoigne de la maturité.
La curiosité révèle l'ouverture.
La défensive trahit l'inconfort.
Le mépris expose des blessures plus profondes.
Les limites ne façonnent pas le caractère. Elles le dévoilent.

Si elles protègent et structurent la relation, elles ne remplacent jamais le travail intérieur, fondé sur l'humilité, l'honnêteté et le désir d'évoluer.

Choisir l'intégrité plutôt que l'illusion

Faire respecter ses limites implique souvent de renoncer à l'illusion que tout peut rester inchangé tout en s'améliorant. La croissance dérange. L'intégrité ébranle la fausse tranquillité.

Mais l'alternative, le retour au silence, à l'auto-trahison et au ressentiment muet, est infiniment plus destructrice.

Faire respecter ses limites n'est pas une quête de victoire. C'est un engagement envers la vérité.

Réflexion

C'est dans l'application des limites que l'intégrité se révèle. Interrogez les situations dans lesquelles vous avez posé des limites sans parvenir à les maintenir avec constance. Demandez-vous : *De quoi ai-je peur si je vais jusqu'au bout ?*

La peur perd son pouvoir lorsqu'elle est nommée.

Prière

Dieu de force et de vérité,
aide-moi à aligner mes actes sur ma parole.
Soutiens-moi lorsque la culpabilité m'assaille
et que ma détermination vacille.
Apprends-moi que la constance paisible
est une expression profonde de l'amour.
Amen.

Résumé

Définir des limites apporte de la clarté ; les faire respecter exige du courage. Ce chapitre montre que la résistance, notamment au sein du couple, est fréquente et pas nécessairement négative. Les limites perturbent les habitudes établies et peuvent susciter culpabilité ou colère. Toutefois, demeurer calme, cohérent et constant constitue un signe de maturité, non d'échec. Faire respecter ses limites ne revient pas à punir autrui, mais à vivre en accord avec soi-même, à préserver la paix intérieure et à s'appuyer sur la sagesse divine. Si l'inconfort accompagne le changement, le mal ne doit jamais être toléré. Lorsqu'une limite est systématiquement ignorée, des mesures plus fermes peuvent s'avérer nécessaires pour protéger le bien-être. Les limites ne créent pas le caractère : elles le révèlent.

CHAPITRE VIII

Ce chapitre s'adresse à ceux qui réalisent tardivement que des limites essentielles n'ont jamais existé dans leur relation. Cette prise de conscience suscite souvent un chagrin discret, fait de regrets et de deuils silencieux : celui de besoins non exprimés, d'émotions étouffées et d'un soi longtemps mis de côté. Il ne s'agit pas d'un échec, mais d'un signe de maturité et de lucidité retrouvée. Le passé ne peut être réécrit, mais il peut être compris afin d'éclairer le présent. La guérison passe par un deuil honnête, puis par une conversation de vérité qui ouvre une phase de réajustement, parfois inconfortable mais nécessaire. Lorsque les deux partenaires s'engagent, une réparation demeure possible ; lorsque la résistance persiste, la constance permet de préserver l'intégrité personnelle. Redéfinir la relation ne signifie pas toujours la rompre, mais ajuster les attentes et les accès avec réalisme. Les limites posées tardivement n'effacent pas hier, mais elles protègent demain, enseignent aux enfants la valeur de la vérité, et ouvrent la voie à un avenir plus juste, plus digne et plus paisible.

Quand les frontières n'ont jamais été en place

Il arrive que l'on comprenne trop tard. Trop tard que certaines limites n'ont jamais existé. Trop tard que l'on s'est adapté au lieu de s'écouter. Cette prise de conscience est souvent douloureuse. Elle ne parle pas d'un échec soudain, mais d'un manque ancien. Quelque chose d'essentiel n'a jamais été nommé.

Ce chapitre s'adresse à ceux qui se réveillent après coup. À ceux qui regardent leur relation avec des yeux nouveaux. À ceux qui se demandent s'il est encore possible de réparer, de réajuster ou de redéfinir.

Lorsque les limites n'ont jamais été posées, le changement demande du courage. Mais il peut aussi ouvrir la voie à une relation plus juste, plus vraie et plus respectueuse.

Ce chapitre n'enseigne pas à regretter le passé. Il invite à choisir l'intégrité pour l'avenir.

Réparer, réinitialiser ou redéfinir la relation

Il existe une douleur particulière quand la prise de conscience arrive tard. Ce n'est pas la douleur d'une trahison brutale. C'est une douleur plus silencieuse. Celle de comprendre que quelque chose d'important manquait depuis longtemps. On réalise que ses besoins n'ont jamais été clairement exprimés, que sa voix a souvent été étouffée et que ses émotions ont été ignorées. À l'époque, il manquait peut-être les mots, la lucidité ou simplement la permission de dire : *cela ne me convient pas*. Aujourd'hui, la compréhension est là, mais le passé ne peut pas être revécu avec cette nouvelle sagesse. Un deuil s'installe alors, discret mais réel : le deuil du temps perdu, de soi-même et d'un lien qui aurait pu être différent. Beaucoup pensent : « Si j'avais su plus tôt, tout aurait été différent ». Cette pensée apporte tristesse, regrets et parfois colère contre soi. Pourtant, se réveiller tard n'est pas un échec. C'est un signe de maturité. Cela signifie que l'on est enfin prêt à voir la vérité.

Quand le passé ne peut être réécrit

Après cette prise de conscience, l'esprit se tourne souvent vers le passé. On repense aux conversations, aux silences, aux décisions prises ou évitées. On cherche le moment précis où tout a changé. On se demande ce que l'on aurait dû faire autrement. Mais rester prisonnier de ces questions n'apporte pas la paix. Cela fatigue. Cela épuise. Le passé ne peut pas être changé. Il peut seulement être compris. Comprendre le passé ne sert pas à nourrir le regret. Cela permet d'éclairer le présent. Les limites ne réparent pas hier. Elles protègent demain.

Faire le deuil de ce qui a manqué, sans s'y enfermer

La guérison commence par un deuil. Un deuil calme et honnête. C'est le deuil des besoins non satisfaits, des émotions retenues et des années passées à s'adapter plutôt qu'à s'exprimer. Faire ce deuil ne signifie pas que le mariage était faux. Cela signifie simplement que certaines parties de vous n'ont pas été respectées. Ce deuil ne détruit pas l'engagement, il le clarifie. Mais le deuil n'est pas un endroit où rester. C'est un passage. Il faut le traverser, puis avancer.

La conversation de réinitialisation

Lorsque les limites arrivent tard, une conversation devient nécessaire. C'est une conversation de vérité. Elle n'est ni une accusation ni un ultimatum. Elle reconnaît simplement qu'un changement est indispensable. Cela peut se dire ainsi : « Je me rends compte que j'ai vécu longtemps sans limites. Cela m'a fait du mal. Cela nous a affectés. Aujourd'hui, je dois vivre autrement pour que cette relation reste saine. » Ce type de parole peut déstabiliser, mais cette déstabilisation ouvre parfois la porte à la guérison. Nous restons souvent attachés à des schémas familiers, même lorsqu'ils sont malsains, non parce qu'ils nous rendent heureux, mais parce qu'ils sont connus. Le changement fait peur. La croissance aussi. C'est pourquoi nous confondons parfois le confort avec la paix.

La saison du réajustement

Après cette conversation, une période de transition commence. Les anciens schémas ne fonctionnent plus, et les nouveaux ne sont pas encore bien définis. Il peut y avoir du malaise, des tensions et de l'incertitude. Cela ne signifie pas un échec. Cela signifie un réajustement. Se réajuster, ce n'est pas reculer, c'est reconstruire. Dans cette phase, la patience est essentielle. Non pas une patience de résignation, mais une patience active et consciente.

Quand la réparation est possible

La réparation demande l'engagement des deux partenaires. Elle ne demande pas la perfection, mais la volonté. La volonté d'écouter, de reconnaître et de changer. Lorsque cet engagement est partagé, même tardivement, l'intimité peut grandir. Les échanges deviennent plus vrais. La confiance se renforce. Le respect s'installe. La réparation prend du temps, mais elle reste possible.

Quand la réinitialisation rencontre la résistance

Parfois, le changement est refusé. Les limites sont ignorées, minimisées ou tournées en dérision. L'un veut avancer tandis que l'autre souhaite revenir en arrière. À ce moment-là, la question n'est plus : « Comment réparer ? », mais : « Comment rester honnête sans me perdre ? ». Dans ces situations, la constance est plus importante que les explications. On ne retire pas une limite parce qu'elle dérange. On observe. On laisse les actes parler.

Redéfinir la relation

Redéfinir une relation ne signifie pas toujours la rompre. Cela peut vouloir dire ajuster les attentes, réduire certains accès ou partager autrement le poids émotionnel. Comme le rappelle l'Écriture : « Deux valent mieux qu'un… Si l'un tombe, l'autre le relève » (Ecclésiaste 4:9-12). Redéfinir n'est pas punir. C'est faire preuve de réalisme. Certaines relations guérissent pleinement. D'autres trouvent un nouvel équilibre. Certaines révèlent des incompatibilités longtemps ignorées. Les limites permettent de clarifier le chemin.

Les enfants et les limites posées tardivement

Les enfants remarquent les changements. Ils perçoivent les tensions et observent les ajustements. Mais ce qu'ils apprennent est précieux. Ils voient des adultes choisir la vérité plutôt que le silence. Ils comprennent que l'amour n'exige pas l'effacement de soi. Ce n'est pas destructeur. C'est éducatif.

Choisir l'intégrité plutôt que le regret

Vous ne pouvez pas changer le moment où vous avez compris. En revanche, vous pouvez choisir la manière dont vous vivez aujourd'hui. Les limites ne servent pas à réparer le passé. Elles servent à protéger l'avenir. L'intégrité peut faire peur au début, mais elle conduit à la paix.

Réflexion

Reconnaître ses regrets fait mal, mais se punir ne guérit pas. Prenez un moment pour vous demander : *qu'est-ce que l'intégrité me demande aujourd'hui ?* Vous n'êtes pas responsable d'un passé que vous ne compreniez pas encore.

Prière

Dieu de grâce, aide-moi à faire le deuil sans m'y enfermer. Guide-moi vers l'honnêteté plutôt que vers le regret. Apprends-moi à vivre avec dignité et vérité. Amen.

Résumé

> Découvrir tardivement que des limites n'ont jamais été posées peut provoquer un chagrin discret mais profond. Cette prise de conscience n'est pas un échec, mais une étape de croissance. La guérison commence par un deuil sincère, suivi de conversations honnêtes et constructives. Avec patience et engagement, une relation peut être réparée ou réajustée. Lorsque le changement rencontre une résistance durable, la constance permet de préserver l'intégrité personnelle. Les limites ne servent pas à corriger le passé, mais à construire un avenir plus sain.

CHAPITRE IX

Ce chapitre clarifie une confusion fréquente dans le mariage : aimer et pardonner ne signifie pas tout accepter ni tout supporter. Le pardon libère le cœur du ressentiment, mais il ne restaure ni la confiance ni la sécurité à lui seul ; sans limites, les mêmes schémas destructeurs se répètent. La grâce permet de comprendre, mais elle n'annule jamais la responsabilité, car aimer avec compassion n'implique pas de tolérer ce qui blesse la dignité. L'amour biblique n'endure pas la destruction : il traverse les épreuves sans se résigner à l'abus, à la malhonnêteté ou à la violence. On peut pardonner pleinement tout en posant des limites claires, aimer sincèrement sans renoncer à la sagesse, et protéger l'avenir sans durcir le cœur. Ainsi, les limites ne diminuent ni l'amour ni le pardon ; elles les rendent guérisseurs, en les ancrant dans la vérité, la responsabilité et le respect de soi.

L'amour, le pardon et le courage de fixer des limites

Dans le mariage, peu de réalités suscitent autant de confusion que l'amour et le pardon. Ces mots sont puissants, sacrés et profondément liés à la foi ainsi qu'à l'engagement, mais ils sont souvent mal compris. Cette incompréhension, lorsqu'elle s'installe, finit par fragiliser la dignité, la sécurité et la vérité au sein de la relation. Beaucoup de conjoints portent en silence des questions profondes : *si je pardonne, dois-je tout oublier ? si j'aime, dois-je tout supporter ? si Dieu pardonne sans limite, ai-je le droit d'en poser ?* Ces interrogations ne sont ni rebelles ni mauvaises ; elles sont sincères, mais incomplètes. Car si l'amour et le pardon sont essentiels au mariage, ils perdent leur pouvoir guérisseur lorsqu'ils ne sont pas accompagnés de limites, et peuvent alors devenir des chemins d'effacement de soi plutôt que de restauration.

Le pardon guérit le cœur, pas les schémas

Le pardon est un acte intérieur qui libère du ressentiment, apaise le cœur et restaure la paix spirituelle, mais il ne rétablit pas automatiquement la confiance ni ne rend une relation sûre à lui seul. La confiance se reconstruit avec le temps, l'accès se mérite par des changements réels et la sécurité naît de la responsabilité. Beaucoup pardonnent sincèrement et souffrent pourtant à nouveau, pensant à tort qu'ils n'ont pas assez pardonné, alors que ce qui manque n'est pas le pardon, mais des limites claires. Le pardon seul n'empêche pas la répétition de schémas destructeurs ; sans protection, les mêmes blessures réapparaissent. La douleur n'est donc pas le signe d'un manque de pardon, mais celui d'un manque de limites : le pardon apaise le cœur, tandis que les limites protègent l'avenir.

La grâce n'annule pas la responsabilité

La grâce permet de comprendre l'autre et d'ouvrir le cœur à la compassion, mais elle n'excuse jamais le mal. Comprendre une histoire, une blessure ou une faiblesse peut aider à aimer avec plus de patience, mais aimer ne signifie pas tout tolérer. Lorsque la bienveillance existe sans responsabilité, rien ne change et les mêmes blessures se répètent. La grâce et la responsabilité ne s'opposent pas : elles avancent ensemble. La grâce dit « je comprends », tandis que les limites disent « cela ne peut pas continuer ainsi ». Ensemble, elles créent un espace où la croissance devient possible.

« L'amour endure tout » : que signifie vraiment cette parole ?

Beaucoup de croyants s'interrogent aussi sur cette parole biblique : « l'amour endure tout ». Certains l'ont comprise comme un appel à tout supporter en silence, à rester coûte que coûte, même dans la souffrance. Pourtant, l'amour biblique n'endure pas la destruction. Endurer ne signifie pas se résigner. L'amour endure les épreuves, mais il n'endure pas la tromperie répétée. Il traverse les saisons difficiles, mais il ne tolère pas les cycles de violence. L'amour véritable ne soutient jamais ce qui détruit l'image de Dieu en une personne.

Ce que l'amour supporte et ce qu'il refuse

L'amour véritable sait accueillir la faiblesse, accepter l'imperfection et laisser au temps l'espace nécessaire à la croissance. Il fait preuve de patience, de compassion et de compréhension. Cependant, l'amour authentique n'est pas sans limites : il ne tolère ni l'abus, ni la malhonnêteté chronique, ni ce qui détruit l'âme et la dignité. Soutenir sans vérité devient une forme de soumission, et une relation fondée sur la peur n'est pas une expression saine de l'amour.

L'Écriture appelle au pardon sans limite, mais elle n'impose jamais un accès relationnel sans discernement. On peut pardonner pleinement tout en posant des limites claires, libérer son cœur sans renoncer à sa protection, aimer sincèrement tout en affirmant que certaines situations ne peuvent plus continuer. Même Jésus a pardonné librement, sans pour autant se confier à ceux qui n'étaient pas dignes de confiance. Le pardon est toujours possible, mais la réconciliation dépend du changement, de la responsabilité et de la sagesse.

L'endurance biblique ne consiste pas à s'effacer ni à disparaître, mais à rester fidèle à la vérité, même sous pression. Se taire pour éviter le conflit ou supporter l'inacceptable n'est ni de la persévérance ni de l'amour. Jésus lui-même a aimé avec des limites claires, refusant la manipulation et dénonçant les abus. Ainsi, poser des limites ne signifie pas aimer moins, mais aimer avec vérité : protéger le cœur, préserver la dignité et permettre à l'amour de grandir sans être détruit.

Réflexion

Le pardon vous est peut-être familier. Les limites, moins. Prenez un moment pour réfléchir. Où avez-vous pardonné sans vous protéger ? Où le pardon aurait-il besoin de structure pour rester guérisseur ? L'amour mûrit lorsqu'il devient honnête.

Prière

Dieu de grâce et de vérité, apprends-moi à pardonner sans permettre le mal. Aide-moi à aimer sans crainte et à poser des limites sans perdre ma compassion. Amen.

Résumé

L'amour et le pardon sont essentiels au mariage. Mais sans limites, ils peuvent devenir destructeurs. Le pardon guérit le cœur, mais il ne restaure pas automatiquement la confiance ni la sécurité. L'Écriture n'appelle pas à tolérer le mal, mais à rester fidèle à la vérité et à la dignité. Les limites travaillent avec la grâce pour favoriser la responsabilité, la croissance et une véritable restauration. Lorsque l'amour, le pardon et les limites sont en harmonie, la peur recule et le discernement remplace la culpabilité.

L'AMOUR, LE PARDON ET LE COURAGE DE FIXER DES LIMITES

CHAPITRE X

Ce chapitre clarifie une confusion fréquente dans le mariage : aimer et pardonner ne signifie pas tout accepter ni tout supporter. Le pardon libère le cœur du ressentiment, mais il ne restaure pas, à lui seul, la confiance ni la sécurité. Sans limites, les mêmes schémas destructeurs se répètent. La grâce aide à comprendre l'autre, mais elle n'annule jamais la responsabilité. Aimer avec compassion ne signifie pas tolérer ce qui blesse la dignité. L'amour biblique n'endure pas la destruction. Il traverse les épreuves sans se résigner à l'abus, à la malhonnêteté ou à la violence. Il est possible de pardonner pleinement tout en posant des limites claires. Il est possible d'aimer sincèrement sans renoncer à la sagesse. Les limites ne diminuent ni l'amour ni le pardon. Elles les rendent guérisseurs, en les enracinant dans la vérité, la responsabilité et le respect de soi.

Quand les limites sont franchies et que des décisions difficiles doivent être prises

Dans le travail des limites, il arrive un moment où la clarté ne suffit plus. Vous avez parlé avec honnêteté, posé des limites sans agressivité et agi avec calme et constance. Pourtant, les mêmes comportements reviennent, parfois déguisés en excuses, parfois cachés derrière des justifications, parfois recouverts d'un langage spirituel ou d'une pression émotionnelle. C'est souvent à ce stade que le doute s'installe : *suis-je trop dur, trop exigeant, est-ce que je manque d'amour ou de patience ?* Ce chapitre existe précisément pour ce moment-là.

Quand une violation devient une habitude

Dans un mariage, des erreurs peuvent arriver, et la croissance n'est jamais parfaitement linéaire. Mais il existe une différence essentielle entre lutter pour changer et refuser de changer. Une limite franchie une fois peut révéler une immaturité ou un manque d'attention ; une limite franchie à répétition, malgré les échanges et les conséquences, devient un message clair. Les violations répétées parlent plus fort que les mots : elles montrent si vos limites sont réellement respectées ou simplement tolérées jusqu'à ce que la pression retombe. À ce stade, il ne s'agit plus d'un malentendu, mais d'un choix. Vous ne pouvez pas contrôler l'autre, mais vous pouvez choisir votre réponse. Rester silencieux est un choix. Se soumettre en est un autre. Et ces choix ont souvent un prix élevé : la perte du respect de soi.

Quand le discernement s'érode

Les violations répétées finissent par user le discernement. Peu à peu, on commence à douter de soi, à repasser les conversations, à analyser son ton et à chercher ce que l'on aurait mal fait. L'introspection peut être saine, mais l'effacement de soi ne l'est jamais. Lorsque vous remettez sans cesse en question votre droit à poser des limites face à un mépris répété, quelque chose se brise. Pas seulement dans la relation, mais en vous. Les limites sont faites pour éclairer et protéger, non pour épuiser.

Quand la résistance devient manipulation

Lorsque les limites dérangent, la résistance change souvent de visage et devient plus subtile. On vous dira que vous êtes trop sensible, que vous avez changé ou que vous exagérez. On pourra invoquer votre foi, vos promesses ou même vos fautes passées pour vous faire douter. Ce n'est pas de la croissance, c'est de la pression. La manipulation ne cherche pas la vérité, elle vise l'épuisement. Le discernement consiste alors à reconnaître le moment où une conversation ne construit plus, et où elle commence à vous vider.

Quand il faut aller plus loin

On croit parfois que l'amour véritable ne devrait jamais conduire à des décisions plus fermes, et cette idée enferme beaucoup de personnes dans des cycles sans fin. Pourtant, prendre de la distance n'est pas un acte de cruauté, chercher de l'aide n'est pas un échec et mettre une pause n'est pas une punition : c'est une protection. Lorsque les mots ne suffisent plus, des actes deviennent nécessaires, non pour menacer la relation, mais pour préserver l'intégrité. L'escalade n'est pas une réaction de colère ; c'est une réponse juste et proportionnée à une réalité qui persiste.

Espoir ou déni

L'espoir véritable s'appuie sur des changements visibles, tandis que le déni se nourrit d'intentions et de promesses répétées. L'espoir regarde les actes, le déni se contente des mots. Une question devient alors essentielle : est-ce que j'espère ce que cette personne pourrait devenir, ou est-ce que je regarde ce qu'elle choisit constamment d'être ? Cette question n'endurcit pas le cœur ; elle l'ancre dans la vérité et permet de discerner avec lucidité.

Quand rester exige de disparaître

Il existe aussi une ligne invisible au-delà de laquelle rester exige de s'effacer. Lorsque votre voix doit se taire pour préserver la paix, lorsque vos limites doivent rester négociables et que votre bien-être devient secondaire, quelque chose d'essentiel est déjà perdu. L'alliance n'exige pas l'autodestruction, pas plus que la fidélité n'exige la disparition de soi. Un mariage qui ne peut tenir que si l'un des deux s'affaiblit n'est pas protégé ; il est maintenu à un coût trop élevé.

Les décisions difficiles demandent du temps

Les décisions difficiles ne se prennent ni dans la panique, ni dans une attente sans fin. Elles demandent du recul, du soutien, de la prière et surtout de l'honnêteté. Choisir la sécurité ou prendre de la distance ne signifie pas que l'amour a échoué, mais que la vérité est enfin respectée. Les limites ne détruisent pas les mariages ; elles révèlent s'ils peuvent survivre dans la vérité.

Vivre sans illusion

Les limites font tomber les illusions et ramènent à la réalité. Cette lucidité peut faire mal au début, mais elle libère. Elle restaure la dignité et redonne le pouvoir de choisir. Quelle que soit l'issue, réparation, réajustement ou séparation, la décision ne naît plus de la peur, mais s'enracine dans la vérité.

Un mot pour ceux qui sont au carrefour

Choisir la sécurité n'est pas un acte de cruauté. Exiger un changement réel n'est pas un manque de foi. Vous n'abandonnez pas parce que vous avez atteint une limite ; vous vous respectez, parce que vous avez enfin reconnu qu'elle existe. Les limites ne forcent pas les décisions et ne les dictent pas. Elles créent l'espace nécessaire pour que des décisions justes, lucides et honnêtes puissent enfin être prises.

Réflexion

Si les violations se répètent, regardez les schémas sans les minimiser. Demandez-vous : Est-ce que je réagis à ce que cette personne promet ? Ou à ce qu'elle fait réellement ? La vérité n'est pas cruelle. Elle éclaire.

Prière

Dieu de sagesse, aide-moi à discerner sans endurcir mon cœur. Donne-moi le courage d'affronter la réalité sans la nier et la paix nécessaire pour faire les choix que l'intégrité demande. Amen.

Résumé

> Lorsque les limites sont constamment franchies, l'amour doit s'accompagner de vérité. Les violations répétées ne relèvent plus de la confusion, mais d'un choix, et appellent une réponse plus ferme. La manipulation peut remplacer la résistance ouverte et éroder le discernement. Dans ces moments, prendre de la distance ou chercher du soutien n'est pas un manque de bienveillance, mais un acte de sagesse. Les limites révèlent la réalité, et affronter cette réalité permet de prendre des décisions fondées sur l'intégrité plutôt que sur l'illusion.

QUAND LES LIMITES SONT FRANCHIES ET QUE DES DÉCISIONS DIFFICILES DOIVENT ÊTRE PRISES

CHAPITRE XI

Cette partie souligne que le travail sur les limites ne doit pas se faire dans l'isolement. Car l'implication émotionnelle brouille souvent le discernement. Avancer seul expose à la confusion, à la culpabilité et au doute. Tandis qu'un regard extérieur apporte perspective, clarté et stabilité. Le discernement a besoin de sagesse partagée : des voix capables de voir les schémas, de nommer les déséquilibres et d'éclairer sans imposer. Tous les conseils ne sont pas bénéfiques ; la vraie sagesse respecte la dignité, n'exige pas le silence et ne confond pas endurance et maturité. L'accompagnement professionnel et spirituel, lorsqu'il est sain, aide à comprendre les dynamiques profondes, à responsabiliser chacun et à passer de la prise de conscience à l'action. La communauté peut soutenir la vérité ou devenir pression ; c'est pourquoi il est essentiel de choisir des personnes qui privilégient la croissance plutôt que les apparences. Marcher accompagné n'est pas une faiblesse, mais un acte de lucidité : les limites se renforcent lorsqu'elles sont confirmées par des regards justes, ancrés à la fois dans la foi, la sagesse et la réalité vécue.

Discernement, accompagnement et sagesse de ne pas marcher seul

Le travail sur les limites touche à l'intime. Il concerne des blessures profondes, des peurs silencieuses et des décisions importantes. Pour cette raison, beaucoup choisissent d'avancer seuls. Ils ne veulent pas exposer leur mariage. Ils ne veulent pas déranger leurs proches. Ils ne veulent pas être un poids. Cet instinct est compréhensible. Mais il est dangereux. Les limites ne sont pas faites pour être portées seul. Le discernement s'éclaire au contact de la sagesse. La clarté se renforce lorsqu'elle est confirmée. Le courage grandit lorsqu'il est soutenu. Marcher accompagné n'est pas une faiblesse. C'est une preuve de lucidité et de maturité.

Pourquoi le discernement a besoin de perspective

Dans une relation, notre regard est souvent limité. L'implication émotionnelle rend les choses plus difficiles à voir clairement. Nos espoirs, nos peurs, notre histoire et notre attachement influencent notre jugement. On peut excuser des comportements nuisibles. On peut douter de son intuition. On peut ignorer des schémas répétés. La familiarité apaise les signaux d'alerte. Le désir de paix fait taire les inquiétudes. Peu à peu, les émotions brouillent la frontière entre vérité et illusion.

Cela ne signifie pas que notre perception est fausse. Elle est simplement incomplète. Les émotions, le passé et l'espoir colorent la réalité. Ils ne mentent pas, mais ils ne montrent pas tout. C'est pourquoi un regard extérieur peut voir ce qui nous échappe. Une personne non prise dans l'intensité émotionnelle perçoit souvent les incohérences, les répétitions et les déséquilibres avec plus de clarté.

Le discernement n'est pas une réaction impulsive. Ce n'est pas non plus une rigidité froide. C'est la capacité de voir avec lucidité. Et cette lucidité a souvent besoin de perspective. Un conseil avisé ne décide pas à votre place. Il n'impose rien. Il vous aide simplement à comprendre ce qui se passe réellement.

Le danger de l'isolement et le choix des bonnes voix

L'isolement accroît la confusion. Lorsqu'on tente de définir ses limites seul, on oscille entre assurance et doute. Un jour, la décision paraît claire ; le lendemain, tout vacille. La culpabilité s'intensifie. La peur gagne du terrain. Peu à peu, l'isolement rend la manipulation plus difficile à discerner. La pression augmente. Le jugement s'émousse. Sans regard extérieur, on commence à douter de son intuition, à justifier l'injustifiable, à croire que l'on exagère. La manipulation prospère dans le silence : elle trouble l'esprit et affaiblit la confiance. Sans soutien avisé, on risque de s'enfermer dans l'auto-culpabilisation et le brouillard émotionnel.

La communauté, au contraire, apporte de la perspective. Elle empêche la distorsion de se faire passer pour la vérité. Le soutien n'affaiblit pas les limites ; il les stabilise. Toutefois, tous les conseils ne se valent pas. Certains, bien intentionnés en apparence, encouragent l'endurance sans responsabilité, la réconciliation précipitée ou le silence au nom de la paix. Un conseil sage ne minimise pas la souffrance et n'impose pas d'obligations irréalistes. Il pose des questions justes, respecte la complexité et tient compte à la fois de l'engagement et de la dignité. Si un conseil vous demande d'ignorer votre conscience, de faire taire votre voix ou de sacrifier votre bien-être, ce n'est pas de la sagesse, mais de la pression.

Il est donc essentiel de choisir les bonnes voix. La qualité des conseils importe plus que leur nombre. Les personnes saines respectent leurs propres limites, ne craignent pas l'honnêteté et privilégient la croissance au confort. Elles savent écouter sans juger ni imposer. À l'inverse, les voix néfastes poussent vers les extrêmes : soit l'endurance aveugle, soit des décisions hâtives sans discernement. Le but n'est pas d'obtenir une validation, mais de parvenir à une clarté enracinée dans la vérité.

Le rôle du soutien professionnel

Certaines situations exigent un accompagnement professionnel. Lorsque les schémas sont profondément enracinés, lorsqu'un traumatisme est présent ou lorsque la communication se rompt de façon répétée, l'aide d'un professionnel apporte une structure que l'entourage ne peut offrir. La thérapie n'est pas un aveu d'échec. Elle est un choix de lucidité. Elle permet de mieux se comprendre, de comprendre la relation et de nommer clairement les dynamiques en jeu. Un professionnel compétent demeure impartial. Il met en lumière les répétitions, favorise la responsabilisation et propose des outils concrets pour passer de la prise de conscience à l'action. La sagesse sait reconnaître quand l'aide est nécessaire.

Soins pastoraux et accompagnement spirituel

L'accompagnement spirituel peut être une ressource précieuse lorsqu'il respecte à la fois la foi et la réalité vécue. Un accompagnement pastoral sain affirme les limites, résiste à la manipulation et encourage une vérité exprimée sans contrainte. À l'inverse, un accompagnement malsain impose le silence, valorise l'endurance sans changement et pousse vers des réconciliations prématurées. Il privilégie l'apparence au détriment de la santé intérieure, et la paix apparente au détriment de la vérité. L'autorité spirituelle est appelée à protéger la conscience, non à la remplacer.

La responsabilisation change la dynamique

La responsabilisation fait sortir les limites de l'isolement. Elle les inscrit dans une réalité partagée. Elle introduit de la clarté, du suivi et de la visibilité. Lorsque les schémas sont nommés et reconnus, il devient plus difficile pour les cycles destructeurs de se répéter sans être remis en question. Bien exercée, la responsabilisation protège les deux parties, à condition qu'elle repose sur l'équité et la transparence. Les limites gagnent en force lorsqu'elles sont reconnues et confirmées par des témoins sages.

Quand la communauté devient pression

La communauté peut guérir, mais elle peut aussi blesser. Lorsqu'elle privilégie la conformité au détriment de l'honnêteté, elle freine le changement nécessaire. Des phrases comme « *le mariage est compliqué* » ou « *tout le monde passe par là* » peuvent sembler rassurantes, mais elles étouffent souvent la vérité et maintiennent des situations malsaines. Une communauté saine accepte la nuance, respecte le temps du processus et soutient la croissance sans forcer les résultats. Vous n'avez pas besoin d'un entourage soucieux des apparences, mais d'une communauté qui encourage la vérité.

Intégrer la foi, la sagesse et la réalité

Le discernement naît à la rencontre de la foi, de la sagesse et de l'expérience vécue. Il refuse les réponses simplistes et tient compte à la fois des convictions spirituelles et de la réalité émotionnelle. La véritable sagesse ne vous demande pas de choisir entre la foi et le respect de vous-même. Elle les unit. Elle reconnaît que la dignité personnelle fait partie intégrante d'une vie spirituelle saine.

Une vérité qui s'installe

Vous n'avez pas besoin que tout le monde comprenne vos limites. Vous avez besoin de quelques personnes sages, capables de vous aider à rester ancré lorsque le doute s'installe et que la pression augmente. Les limites se développent mieux dans un environnement sain.

Réflexion

Prenez le temps d'identifier ceux qui vous ont réellement soutenu, et ceux qui ont imposé le silence. Demandez-vous : *qui m'aide à penser clairement, et non simplement à obéir ?* Les conseils avisés apaisent l'âme.

Prière

Dieu de sagesse, entourez-moi de voix qui honorent la vérité et la dignité. Protégez-moi des conseils qui confondent persévérance et soumission. Amen.

Résumé

> Avancer seul dans le travail des limites conduit souvent à la confusion, à la culpabilité et à l'épuisement. Le discernement s'affine lorsqu'il est soutenu par des voix sages qui privilégient la vérité plutôt que la pression. Un accompagnement juste, qu'il soit amical, professionnel ou spirituel, n'impose pas des décisions, mais éclaire le chemin. Marcher avec des conseils avisés apporte clarté, stabilité et la force d'honorer à la fois sa dignité et ses relations.

CHAPITRE XII

Ce chapitre rappelle que le travail sur les limites ne doit pas se faire dans l'isolement. L'implication émotionnelle brouille souvent le discernement. Avancer seul conduit facilement à la confusion, à la culpabilité et au doute. Un regard extérieur apporte de la perspective, de la clarté et de la stabilité. Le discernement a besoin de sagesse partagée. Il a besoin de voix capables de reconnaître les schémas, de nommer les déséquilibres et d'éclairer sans imposer. Tous les conseils ne sont pas sages. La vraie sagesse respecte la dignité. Elle n'exige pas le silence. Elle ne confond pas endurance et maturité. Un accompagnement professionnel ou spirituel, lorsqu'il est sain, aide à comprendre les dynamiques profondes et à passer de la prise de conscience à l'action. La communauté peut soutenir la vérité ou devenir une source de pression. Il est donc essentiel de choisir des personnes qui privilégient la croissance plutôt que les apparences. Marcher accompagné n'est pas une faiblesse. C'est un acte de lucidité. Les limites se renforcent lorsqu'elles sont confirmées par des regards justes, enracinés dans la foi, la sagesse et la réalité vécue.

Vivre avec des limites

Au début, poser des limites peut sembler perturbant. Elles bousculent les habitudes. Elles remettent en question ce qui paraissait normal. Elles demandent des ajustements. Pourtant, lorsqu'elles sont vécues avec constance, sans justification ni drame, une sérénité nouvelle apparaît. La vie devient plus calme. Non parce que les conflits disparaissent, mais parce que la confusion s'éteint.

Le calme qui revient à l'intérieur

L'un des premiers changements est un calme intérieur longtemps oublié. Le dialogue intérieur incessant se tait. Les questions répétitives s'apaisent : *dois-je parler ? est-ce excessif ? dois-je encore céder ?* Les limites réduisent l'auto-surveillance permanente. Lorsque les repères sont clairs et les conséquences cohérentes, l'anxiété diminue. La paix revient. Non une paix fragile fondée sur l'évitement, mais une paix solide, enracinée dans l'intégrité.

Un amour plus léger

Beaucoup craignent que les limites rendent l'amour plus froid. Ils découvrent l'inverse. L'amour devient plus léger lorsqu'il n'est plus chargé de ressentiment. La générosité renaît lorsqu'elle n'est plus forcée. L'affection redevient sincère, et non dictée par l'obligation. Les limites ne diminuent pas l'amour. Elles enlèvent le poids qui l'étouffait lentement.

Une intimité fondée sur la sécurité

La véritable intimité ne grandit pas dans la dissimulation. Elle s'épanouit là où l'honnêteté est possible et la différence respectée. Lorsque les limites sont honorées, les conversations deviennent plus vraies. La vulnérabilité n'est plus une faiblesse. Le lien s'approfondit, non parce que le conflit disparaît, mais parce qu'il peut être traversé sans peur. L'intimité n'est pas une proximité sans frontières. C'est une proximité fondée sur la confiance.

La fin de l'hyperactivité émotionnelle

L'un des bienfaits majeurs des limites est la fin de l'hyper-responsabilité émotionnelle. Vous cessez de réguler les émotions d'un autre adulte. Vous n'anticipez plus chaque réaction. La responsabilité revient à sa juste place. Ce changement ne vous rend pas indifférent. Il vous rend juste. Vous êtes présent, sans être envahi. Le lien devient partenariat, non sauvetage.

Le mariage redevient un choix

Peut-être le changement le plus profond est celui-ci : le mariage redevient un choix. Vous restez non par peur, ni par obligation, mais par respect, sécurité et réciprocité. Ce choix renouvelle l'alliance d'une manière que la simple endurance ne peut produire.

Des chemins différents, une même dignité

Toutes les relations ne prennent pas la même forme après l'instauration de limites. Certaines guérissent profondément. D'autres se stabilisent. D'autres révèlent des incompatibilités longtemps tues. Les limites ne promettent pas un résultat précis. Elles promettent une vie fondée sur la vérité. Et la vérité, même exigeante, restaure toujours la dignité.

Une identité renforcée

Vivre avec des limites claires transforme l'identité. On se sent plus ancré. Plus présent. Plus entier. La confiance en soi grandit. La voix intérieure s'affirme. Les limites ne deviennent pas plus dures. Elles deviennent plus claires. Et la clarté engendre la confiance. La confiance engendre la paix.

Une foi rééquilibrée

Pour les croyants, les limites restaurent souvent l'équilibre spirituel. Dieu n'est plus associé à une souffrance silencieuse ou à une culpabilité constante. La foi s'unit à la sagesse et à la responsabilité. L'amour et la vérité cessent de s'opposer. La grâce et la lucidité avancent ensemble. La foi redevient source de vie.

Le commencement de la paix

Si ces pages vous ont rejoint, retenez ceci : vous n'êtes ni en retard, ni égoïste, ni infidèle. Désirer la paix n'est pas une faute. Avoir besoin de limites n'est pas une faiblesse. Dire la vérité n'est pas un manque d'amour. Les limites ne sont pas la fin de l'histoire. Elles sont le début d'une vie et d'un amour qui ne se construisent plus au détriment de soi. Ce n'est pas un abandon. C'est de la sagesse.

Réflexion

Imaginez une vie vécue avec clarté. Sans négociations constantes. Observez ce qui devient plus léger. Ce qui devient possible. Demandez-vous : *qui suis-je en train de devenir lorsque je vis avec plus de vérité ?* Ce n'est pas une fin. C'est un commencement.

Prière

Dieu de paix, merci de m'avoir rendu ma voix et mon équilibre. Aide-moi à vivre selon des limites qui honorent l'amour, la vérité et le respect de moi-même. Que mes relations soient empreintes de grâce et de sincérité. Amen.

Résumé

Vivre avec des limites claires apporte une paix intérieure durable. La confusion laisse place à la clarté. L'amour devient plus léger. L'intimité s'approfondit. Les relations gagnent en sécurité et en authenticité. Les limites ne restreignent pas la vie relationnelle ; elles la rendent plus juste, plus vraie et plus féconde. Elles restaurent la dignité et réconcilient la foi, la sagesse et la vérité.

VIVRE AVEC DES LIMITES

CHAPITRE XIII

Ce chapitre montre que les limites ne sont pas réservées aux crises, mais qu'elles structurent la vie quotidienne du couple. Leur absence n'entraîne pas toujours un effondrement visible, mais une érosion progressive marquée par l'épuisement, le ressentiment, la distance et la confusion. Dans la vie émotionnelle, une compassion sans cadre conduit à l'absorption et à une responsabilité unilatérale ; dans la communication, l'absence de sécurité fait taire la vérité ; dans le temps et l'énergie, la disponibilité sans limites mène à la fatigue ; dans l'intimité sexuelle, le silence remplace le consentement et fragilise la confiance ; dans les finances, le manque de clarté engendre anxiété et luttes de pouvoir. Le chapitre met aussi en lumière l'influence déterminante de la famille d'origine, de la culture et de la spiritualité, qui peuvent normaliser le silence, sacraliser la souffrance et perpétuer des schémas générationnels non interrogés. Les limites ne rejettent pas ces héritages : elles les discernent, les réordonnent et, parfois, les interrompent. Elles ne détruisent ni la foi ni la culture ; elles restaurent la dignité, redonnent vie à l'amour et permettent de passer d'une survie silencieuse à une relation consciente, responsable et véritablement épanouissante.

Là où les frontières rencontrent la réalité

La plupart des gens pensent que les limites ne sont nécessaires qu'en temps de crise. En réalité, elles structurent la vie quotidienne. Elles déterminent la façon dont nous dépensons notre énergie, dont nous exprimons notre amour, dont nous vivons notre foi et dont nous préservons notre dignité. En l'absence de limites, la vie ne s'effondre généralement pas ; elle s'étiole silencieusement.

Cette section vise à vous aider à comprendre dans quels domaines les limites sont les plus essentielles au quotidien et comment leur absence explique souvent l'épuisement, le ressentiment, la distance et la confusion que ressentent de nombreux couples sans toujours pouvoir les nommer.

Vie émotionnelle : Quand la compassion se transforme lentement en absorption

De nombreux mariages rencontrent des difficultés non par manque d'amour, mais en raison d'une répartition inégale des responsabilités émotionnelles. L'un des partenaires devient le principal réceptacle émotionnel, absorbant le stress, l'anxiété, la frustration, la déception et les souffrances non résolues. Avec le temps, l'espace émotionnel se rétrécit. Les conversations deviennent unilatérales. Le partenaire émotionnellement disponible commence à se sentir responsable de la stabilité émotionnelle de la relation.

Cette dynamique est souvent perçue comme une preuve de maturité. On la loue pour sa patience, son empathie ou sa force. Pourtant, une compassion sans limites finit par conduire à l'absorption. Au lieu que deux adultes partagent leurs expériences de vie, une seule personne porte le poids émotionnel des deux.

Les limites émotionnelles ne diminuent pas l'attention portée à l'autre. Elles clarifient les responsabilités. Elles reconnaissent que le soutien n'implique pas l'effacement de soi et que l'empathie ne signifie pas s'approprier la vie intérieure d'un autre adulte.

Sans limites émotionnelles, l'amour devient pesant. Avec elles, l'amour devient durable.

Voici à quoi cela ressemble dans la vraie vie

Chaque jour, l'un des conjoints rentre à la maison complètement épuisé et déverse immédiatement ses frustrations, liées au travail, aux finances, à la famille et aux déceptions, tandis que l'autre écoute attentivement, rassure et absorbe tout. Peu à peu, celui qui écoute cesse de partager ses propres difficultés, faute d'espace émotionnel. Ils se sentent alors de plus en plus invisibles, non parce que leur partenaire est malveillant, mais parce que la responsabilité émotionnelle est devenue unilatérale ; ce qui manquait, ce n'était pas l'amour, mais une appropriation émotionnelle partagée.

Communication : Quand parler ne procure plus de sentiment de sécurité

Certains couples communiquent constamment et se sentent pourtant incompris, tandis que d'autres évitent les conversations difficiles, persuadés que le silence préserve la paix ; dans les deux cas, les limites de la communication demeurent floues. Des limites saines encadrent le déroulement des échanges en définissant le ton, le moment et le respect, et en reconnaissant que tous les instants ne sont pas propices à une communication constructive. Les discussions franches n'impliquent ni élévation de la voix, ni mépris, ni rejet, car ces attitudes ne constituent pas des formes d'expression acceptables. Ici, les limites n'entravent pas le dialogue ; elles le rendent possible, car lorsqu'elles sont absentes, les partenaires s'enflamment ou se replient sur eux-mêmes, sans jamais atteindre l'intimité. Le respect n'est donc pas une option dans la communication : il est la condition qui permet de dire la vérité sans crainte.

Voici à quoi cela ressemble dans la vraie vie

Dès que l'un des partenaires exprime une préoccupation, la conversation dégénère rapidement : les voix s'élèvent, les accusations fusent, puis l'autre cesse d'aborder le sujet, non parce que les problèmes ont disparu, mais parce qu'il n'ose plus en parler. Des années plus tard, la distance remplace les conflits ; le mariage paraît paisible, mais vidé de sens. Ce qui manquait, ce n'était pas la maturité, mais la permission de parler sans crainte.

Temps et énergie : Quand l'amour se transforme lentement en épuisement

Nombreux sont ceux qui vivent dans une fatigue perpétuelle, non parce que la vie est particulièrement exigeante, mais parce qu'ils sont constamment sollicités : leur temps est toujours disponible, leur énergie tenue pour acquise et leur présence attendue. Dans le mariage, cela se manifeste souvent de manière insidieuse, lorsque l'un des partenaires devient indéfiniment disponible tandis que l'autre en perçoit rarement le prix. Peu à peu, la disponibilité remplace l'intention ; se reposer paraît égoïste, dire non semble manquer d'amour, et même l'espace personnel devient source de culpabilité. Celui qui donne le plus finit alors par s'effacer intérieurement, non par manque de dévouement, mais par manque de permission de faire une pause. Fixer des limites à son temps et à son énergie n'est pas un refus d'aimer ; c'est préserver la vie dont l'amour dépend, car l'épuisement n'approfondit pas l'intimité, il l'érode lentement. Des limites saines reconnaissent que le temps et l'énergie sont limités et que le repos est essentiel, non facultatif.

Voici à quoi cela ressemble dans la vraie vie

L'un des conjoints est toujours « joignable » : il modifie sans cesse ses horaires, répond immédiatement aux besoins et s'adapte en permanence. Lorsqu'il demande enfin du temps pour lui-même, cela provoque confusion ou déception ; alors, il cesse de demander. La fatigue s'installe, l'irritabilité augmente, la joie s'estompe et la relation devient lourde, sans que personne ne puisse vraiment l'expliquer. Ce qui manquait, ce n'était pas la dévotion, mais la permission de se reposer sans culpabilité.

Vie sexuelle : Quand l'intimité perd sa sécurité

L'intimité sexuelle dans le mariage devrait être un espace de connexion, de confiance et de désir partagé. Pourtant, pour beaucoup de couples, elle devient fragile et difficile à comprendre. Les attentes culturelles, les croyances religieuses et les obligations implicites remplacent souvent un dialogue honnête. Ce qui devrait être vécu ensemble devient alors quelque chose à supporter, à éviter ou à gérer.

Dans certains mariages, la sexualité est surtout vue comme un devoir. Le désir est supposé. Le consentement est implicite. La disponibilité émotionnelle est rarement évoquée. Les besoins de l'un passent avant le malaise de l'autre, qui reste souvent silencieux. Peu à peu, le silence devient une façon de s'adapter, non parce que tout va bien, mais parce que parler paraît trop risqué.

Les limites sexuelles ne servent pas à bloquer l'intimité, mais à la protéger. Elles rappellent que la réciprocité est essentielle, que le consentement doit être constant et que la sécurité émotionnelle compte autant que la proximité physique. Elles reconnaissent aussi que le passé, les blessures, la fatigue, le stress et la distance émotionnelle influencent le désir. Ignorer ces réalités au nom du devoir ne renforce pas le mariage ; cela l'affaiblit.

Des limites sexuelles saines créent un espace de dialogue sans honte. Elles permettent de dire : « Je ne me sens pas en sécurité en ce moment » ou « J'ai besoin de parler de ce que l'intimité signifie pour moi », sans peur du rejet ni de la condamnation. L'intimité ne peut grandir lorsque l'un se sent obligé de disparaître.

Voici à quoi cela ressemble dans la vraie vie

L'intimité physique continue dans le couple, mais l'un des partenaires y participe par obligation plutôt que par désir. Il se convainc que le mariage l'exige. Il croit que refuser serait un manque d'amour, voire un péché. Parler de ce malaise lui paraît trop difficile. Alors, le silence devient la solution la plus simple. Avec le temps, une déconnexion s'installe, à la fois sexuelle et émotionnelle, la confiance s'effrite et ce qui unissait autrefois devient source de solitude. Ce qui manquait, ce n'était ni l'engagement ni la fidélité, mais la sécurité, le consentement et un dialogue honnête.

Finances : Quand l'argent devient un fardeau silencieux

L'argent est rarement une simple question de chiffres. Il touche à la sécurité, au pouvoir, à la confiance, à la peur, au contrôle et à l'espoir. Les limites financières, ou leur absence, influencent donc profondément le climat émotionnel du mariage. Dans certains couples, l'un des conjoints porte seul la charge financière : il gère les factures, s'inquiète des dettes, planifie l'avenir et absorbe l'anxiété, tandis que l'autre se désengage, dépense sans concertation ou évite les discussions, sans mesurer le poids émotionnel imposé à son partenaire. Ce déséquilibre s'installe souvent progressivement. Les conversations sur l'argent deviennent tendues, puis reportées. La paix semble régner en surface, tandis que l'anxiété grandit en silence et que le ressentiment remplace la collaboration. Les limites financières ne visent ni le contrôle ni la restriction, mais une gestion partagée fondée sur la transparence, la responsabilité mutuelle et la prise de décision conjointe. Sans elles, l'un devient gestionnaire et l'autre dépendant, parfois même adversaire. L'argent sans limites engendre le secret et les luttes de pouvoir ; encadré, il devient une responsabilité commune.

Voici à quoi cela ressemble dans la vraie vie

L'un gère tout : factures, dettes et inquiétudes pour l'avenir, tandis que l'autre évite les discussions ou minimise les problèmes. Dès que la tension apparaît, le sujet est étouffé pour préserver une paix apparente. Avec le temps, l'anxiété s'intensifie, la confiance s'effrite et le ressentiment s'installe. Ce qui manquait, ce n'était ni la générosité ni la confiance, mais une responsabilité partagée et un engagement sincère.

Famille d'origine : Quand le passé refuse de rester dans le passé

De nombreux conflits conjugaux ne naissent pas du mariage lui-même ; ils sont hérités. Les schémas familiaux de l'enfance façonnent les attentes, les styles de communication, les modes de résolution des conflits et les rôles émotionnels. Sans en être conscients, les conjoints rejouent ce qui leur semblait autrefois normal. Certains ont appris à préserver la paix par le silence, d'autres ont confondu le contrôle avec l'amour, et certains ont grandi avec l'idée que les parents primaient sur le partenaire, que l'obéissance valait plus que la différenciation et que la loyauté devait l'emporter sur l'honnêteté. La prise de distance avec la famille d'origine est souvent perçue à tort comme un rejet, alors qu'elle constitue en réalité un acte de maturité. La différenciation permet de fonder une nouvelle cellule familiale sans rompre les liens ni renier le passé. Un mariage ne peut toutefois s'épanouir tant que les rôles de l'enfance demeurent actifs et non questionnés.

Voici à quoi cela ressemble dans la vraie vie

Les parents restent très impliqués dans les décisions du couple. Les attentes sont fortes, mais rarement exprimées. L'un des conjoints se sent tiraillé entre le respect dû à sa famille et la protection de son mariage, et le conflit est alors vécu comme une trahison. Ce qui manquait, ce n'était ni l'honneur ni le respect, mais une séparation saine et une clarté absolue.

Famille d'origine : Quand le passé gouverne silencieusement le présent

Nombreux sont ceux qui, au sein d'un couple, peinent à s'engager pleinement dans leur mariage, leurs difficultés étant davantage enracinées dans leur environnement familial d'origine que dans la relation conjugale elle-même. Ce passé influence profondément la manière de gérer les conflits, d'exprimer les émotions, de percevoir l'autorité et de donner ou de retenir l'amour.

Les enfants s'adaptent pour survivre émotionnellement. Ils apprennent quand parler, quand se taire, quand prendre des responsabilités et quand s'effacer. Ces adaptations deviennent souvent des schémas inconscients qui les accompagnent à l'âge adulte. Ce qui protégeait l'enfant autrefois continue ainsi d'orienter l'adulte aujourd'hui.

Dans le mariage, ces schémas sont rarement remis en question. Un conjoint ayant appris que la paix dépendait du silence peut éprouver de grandes difficultés à exprimer ses besoins. Un autre, ayant grandi dans le chaos, peut banaliser l'instabilité émotionnelle. Une personne élevée dans un foyer très strict peut confondre obéissance et amour, ou craindre toute forme de contradiction.

Les limites établies avec la famille d'origine ne constituent pas un rejet. Elles sont un acte de différenciation, c'est-à-dire la capacité de reconnaître où une personne s'arrête et où une autre commence. La différenciation permet la formation d'une nouvelle cellule familiale sans renier ni déshonorer l'ancienne.

Lorsque les schémas familiaux ne sont pas examinés, le mariage devient une répétition plutôt qu'une création nouvelle. Ces limites protègent alors le couple de l'influence persistante des fantômes du passé.

Voici à quoi cela ressemble dans la vraie vie

L'un des conjoints ressent une culpabilité profonde à l'idée de privilégier le mariage plutôt que les parents. Les décisions sont constamment remises en question et l'opinion parentale pèse lourd. Des conflits surgissent, non par manque d'amour, mais parce que la loyauté a été inculquée bien avant l'amour conjugal. Ce qui manquait, ce n'était ni l'honneur ni la gratitude, mais la permission de nouer un nouveau lien fondamental.

Culture : Quand la « normalité » réduit la conscience au silence

La culture est puissante précisément parce qu'elle semble invisible. Elle définit ce qui est jugé respectueux, acceptable, honteux ou rebelle. Elle façonne les attentes liées aux rôles de genre, à l'autorité, à l'endurance, à l'expression des émotions et à la gestion des conflits, souvent sans jamais être explicitement nommée.

Dans certaines cultures, le silence est une vertu. Dans d'autres, l'endurance est une preuve de caractère. Dans beaucoup, remettre en question l'autorité est assimilé à un manque de respect. Ces normes ne disparaissent ni avec le mariage ni avec la migration. Elles persistent dans les relations et continuent de modeler les comportements bien après que l'environnement a changé. Lorsque les normes culturelles entrent en conflit avec la conscience personnelle ou le bien-être émotionnel, on tend souvent à privilégier la culture, non parce qu'elle est juste, mais parce qu'elle est familière.

Les limites remettent en question la culture précisément là où celle-ci exige l'effacement de soi. Cela ne signifie pas rejeter la culture dans son ensemble, mais discerner les moments où elle soutient la vie et ceux où elle porte atteinte à la dignité.

La culture explique les comportements, mais elle ne définit pas la rectitude.

Voici à quoi cela ressemble dans la vraie vie

Un conjoint garde le silence lors des conflits, car prendre la parole lui paraît profondément mal, voire coupable. Il endure des comportements qui lui nuisent parce que la souffrance est valorisée et l'endurance glorifiée. Ce qui manquait, ce n'était ni le respect ni l'humilité, mais la permission d'écouter sa conscience.

Vie spirituelle : Quand la foi prime sur la sagesse

La foi est censée apporter liberté, clarté et alignement avec la vérité. Mais mal comprise, elle devient un prétexte pour endurer ce qui devrait être affronté, pour spiritualiser ce qui exige une action concrète et pour faire taire ce qui doit être exprimé.

De nombreux croyants apprennent, implicitement ou explicitement, qu'une foi authentique implique l'absence de limites. La prière remplace la confrontation. Le pardon remplace la protection. L'endurance remplace le discernement. Le langage spirituel devient alors un moyen d'éviter ses responsabilités. Or, l'Écriture ne présente jamais la foi comme un substitut à la sagesse.

Des limites spirituelles saines reconnaissent que la prière n'élimine pas le besoin de vérité et que la foi n'exonère pas de responsabilité. Dieu ne demande jamais de renoncer au discernement pour prouver sa dévotion.

Lorsque la foi est utilisée pour étouffer la vérité, la spiritualité devient un fardeau plutôt qu'une source de vie. Les limites rétablissent l'équilibre. Elles permettent à la foi et à la responsabilité de coopérer plutôt que de s'opposer.

Voici à quoi cela ressemble dans la vraie vie

Un conjoint évite les conversations difficiles en disant : « Je vais prier à ce sujet. » Les années passent. Le problème demeure. La paix n'arrive jamais ; seule l'oppression s'installe. Ce qui manquait, ce n'était ni la foi ni la confiance en Dieu, mais le courage de joindre la prière à l'action.

Autels spirituels et schémas générationnels : Quand la souffrance devient sacrée

Certaines familles, églises et communautés érigent inconsciemment des autels spirituels autour de la souffrance, du silence et de l'endurance. Ces autels sont soutenus par des paroles qui paraissent nobles, mais qui enferment les vies :

« C'est ça, le mariage. » « On endure tout, quoi qu'il arrive. » « Dieu voit ton sacrifice. »

Avec le temps, la souffrance se sacralise. La douleur devient vertu.

Le silence est confondu avec maturité. L'endurance est placée au-dessus de la vérité. Ces autels ne surgissent pas spontanément ; ils se transmettent.

Les schémas générationnels persistent non parce qu'ils sont choisis, mais parce qu'ils n'ont jamais été nommés.

Établir des limites est souvent le premier acte de rupture au sein d'une lignée familiale. Cela interrompt des cycles répétés sans être remis en question pendant des générations. Ce geste peut être perçu comme une trahison ou un danger spirituel, mais il est souvent profondément rédempteur.

Briser un autel ne déshonore pas la foi. Cela la ramène à la vérité.

Voici à quoi cela ressemble dans la vraie vie

Un couple préserve les apparences, mais se délite intérieurement. Il croit que son silence protège la réputation de Dieu. Avec le temps, la dignité s'érode et la foi s'alourdit. Ce qui manquait, ce n'était ni la dévotion ni la loyauté envers Dieu, mais la vérité qui libère.

Une intégration profonde

Les schémas familiaux, la culture, la spiritualité et les traditions intergénérationnelles ne sont pas périphériques dans le travail sur les limites. Ils constituent le sol même sur lequel ces limites prennent forme ou se fragilisent. Lorsqu'ils demeurent inexplorés, les individus se sentent coupables de conflits forgés bien avant qu'ils n'aient eu les mots pour les comprendre.

Les frontières n'effacent pas l'héritage.
Elles le rachètent.

Elles ne détruisent pas la foi.
Elles lui redonnent vie.
Sans limites, on hérite de la souffrance.
Avec des frontières, on l'interrompt.

Réflexion

En repensant aux moments où j'ai manqué de limites dans ma vie, je réalise combien de fardeaux j'ai portés sans m'en rendre compte.

Ai-je confondu le silence avec la paix ?
Ai-je pris l'épuisement pour de l'amour ?
J'apprends que l'amour ne doit pas se vivre au détriment de moi-même.

Dans mon mariage, dans ma foi, jusque dans mes décisions quotidiennes, où ai-je dit « oui » par peur plutôt que par liberté ? Où me suis-je tue pour éviter le conflit, au prix de ma propre voix ?

Quelles émotions m'envahissent lorsque j'envisage de poser des limites concernant mon temps, mon intimité ou même ma famille ? Est-ce la culpabilité, la peur, le sentiment d'égoïsme, ou tout cela à la fois ?

Je commence à me demander : qui m'a appris à quoi ressemble la « normalité » ?

Et cette normalité est-elle encore adaptée à la personne que je suis en train de devenir ?

Seigneur, aide-moi à prendre le temps de réfléchir à ces questions, non pour me condamner, mais pour m'approcher doucement de la vérité. Permets-moi de discerner ce que j'ai hérité, ce que j'ai choisi et ce dont je suis désormais libre de me délester. Je n'ai pas à porter ce que Tu ne m'as jamais demandé de porter.

Que la vérité, et non la peur, guide ma reconstruction.

Prière

Dieu de vérité et de grâce,
Merci de m'avoir ouvert les yeux sur ces zones silencieuses où les limites étaient absentes.
Aide-moi à reconnaître ce que j'ai porté sans que cela m'appartienne.
Donne-moi la sagesse d'honorer mon passé sans en être prisonnière.
Apprends-moi à établir des limites qui restaurent l'amour, protègent la dignité
et s'alignent sur Ton désir de vérité et de liberté.
Permets-moi de vivre avec courage,
non par réaction,
mais avec une intention guidée par la foi.
Amen.

Résumé

> Les limites ne servent pas uniquement en temps de crise ; elles structurent le quotidien et influencent les émotions, la communication, l'intimité et la vie spirituelle. En leur absence, l'amour s'épuise, la communication se fragilise et l'intimité se distend. De nombreuses difficultés conjugales trouvent leur origine dans des schémas culturels, familiaux et spirituels non interrogés, qui façonnent les relations de manière insidieuse. Les limites ne rejettent pas ces héritages ; elles ouvrent un chemin de guérison en permettant de préserver ce qui nourrit la vie et de se libérer de ce qui l'entrave. En s'appropriant leurs limites, les couples peuvent passer d'une survie silencieuse à une relation authentique, consciente et épanouissante.

ANNEXE A – UNE DÉTOX THÉOLOGIQUE

Q UAND L'ÉCRITURE EST HONORÉE DANS son intention, et non simplement citée

Cette remise en question théologique part d'un constat essentiel : de nombreux croyants sincères n'ont pas souffert de la rébellion, mais d'une obéissance façonnée par des interprétations partielles des Écritures. La Parole de Dieu était honorée, certes, mais souvent vécue sous contrainte, sans laisser suffisamment de place au discernement, à la sagesse et à la réalité humaine.

Chaque section ci-dessous suit le même rythme pastoral :

1. Pourquoi cette croyance ou ce verset est souvent mal compris
2. Comment ce malentendu se forme chez des croyants sincères
3. Ce que l'Écriture veut réellement dire
4. Comment cette correction se traduit concrètement

L'objectif n'est pas seulement la correction, mais la restauration, afin que l'amour, la foi, le pardon, la soumission et l'endurance fonctionnent comme Dieu les a conçus : donner la vie, et non la diminuer.

1. « L'amour supporte tout »
Quand l'endurance remplace la sagesse

« L'amour supporte tout, croit tout, espère tout, endure tout. »
(1 Corinthiens 13:7)

Pourquoi ce verset est souvent mal compris

Ce passage est fréquemment cité pour encourager la persévérance dans les relations difficiles. Avec le temps, il s'est subtilement transformé en une injonction à tolérer la souffrance, à taire la vérité ou à demeurer indéfiniment dans des schémas destructeurs, le tout au nom de l'amour. Beaucoup ont appris que si l'amour est réel, il doit tout endurer, sans condition.

Clarification biblique

Paul décrit ici la nature de l'amour, non une négation du discernement, de la vérité ou de la responsabilité. L'Écriture ne présente jamais l'amour comme aveugle ou irresponsable. Jésus a aimé parfaitement, et pourtant Il :

a dénoncé l'hypocrisie et le péché (Matthieu 23),

s'est retiré de situations dangereuses (Luc 4:30),

a refusé de se confier à ceux dont les intentions étaient mauvaises (Jean 2:24).

L'endurance biblique n'est jamais dissociée de la sagesse.

Application concrète

Un conjoint endure des paroles blessantes et un comportement méprisant, convaincu que le silence est une preuve d'amour. Avec le temps, le ressentiment grandit et l'intimité s'érode.

Correction appliquée

« Je t'aime, et précisément parce que je t'aime, je ne peux plus continuer ainsi sans respect ni changement. » L'amour demeure, mais il s'enracine désormais dans la vérité.

2. Le pardon
Quand la grâce est confondue avec l'accès

« Si ton frère a péché, reprends-le ; et s'il se repent, pardonne-lui. » *(Luc 17:3)*

Pourquoi cette confusion est fréquente
Dans de nombreux milieux chrétiens, le pardon est présenté comme la preuve ultime de maturité spirituelle. Les croyants se sentent alors obligés non seulement de pardonner, mais aussi de rétablir immédiatement la proximité, l'accès et la confiance, même en l'absence de changement réel. Toute hésitation est souvent interprétée comme de l'amertume ou un manque de grâce.

Clarification biblique
Le pardon efface la dette morale de l'offense. La confiance, elle, se reconstruit par le repentir et par ses fruits. Même Jésus pardonnait librement tout en appelant à la transformation. Pierre fut pardonné, mais rétabli à travers un processus de vérité, de repentance et de réengagement (Jean 21).

Application concrète
Un conjoint s'excuse à répétition pour le même comportement, sans changement durable.

Correction appliquée

« Je te pardonne sincèrement. Mais pour que la confiance soit restaurée, j'ai besoin de constance et de changements observables dans le temps. » La grâce est honorée sans pour autant donner accès au mal.

3. La foi

Quand la confiance en Dieu remplace la responsabilité

« La foi, si elle n'a pas les œuvres, est morte en elle-même. » *(Jacques 2:17)*

Pourquoi cette distorsion apparaît

La foi est parfois enseignée comme une posture passive : « Laissons faire Dieu », « Ne t'inquiète pas », « Dieu s'en chargera ». Sans nuance, ces expressions deviennent un langage spirituel pour éviter les décisions courageuses, les conversations difficiles et la responsabilité personnelle.

Clarification biblique

La foi biblique active la responsabilité ; elle ne l'annule jamais. Néhémie a prié et bâti des murailles. Jésus a fait confiance au Père et affronté la vérité. La foi s'allie toujours à la sagesse et à l'action.

Application concrète

Un couple évite de parler d'argent en disant : « Dieu pourvoira. »

Correction appliquée

« Nous avons confiance en Dieu, et c'est précisément pour cela que nous devons gérer nos ressources avec honnêteté et sagesse. » La foi devient active, et non évasive.

4. La soumission
Quand le silence est spiritualisé

« Soumettez-vous les uns aux autres dans la crainte de Christ. » *(Éphésiens 5:21)*

Pourquoi cet enseignement a causé de la douleur
Dans certains contextes, la soumission a été réduite au silence, à l'effacement de soi et à l'endurance, notamment pour les femmes, mais aussi pour des hommes enfermés dans des relations déséquilibrées. Parler est alors perçu comme une rébellion plutôt que comme une responsabilité.

Clarification biblique
La soumission biblique est volontaire, mutuelle et fondée sur la confiance. Jésus s'est soumis au Père tout en proclamant la vérité, en posant des limites et en dénonçant l'injustice. La soumission n'implique jamais la perte de la voix ni de la dignité.

Application concrète
Une épouse garde le silence face à une négligence affective, croyant que la soumission exige l'endurance.

Correction appliquée
« Je t'honore, et c'est pour cela que je dois parler honnêtement de ce que je vis. »

Soumission et vérité ne sont plus en opposition.

5. Direction et autorité
Quand le leadership perd ses garde-fous

« Maris, aimez vos femmes, comme Christ a aimé l'Église et s'est livré pour elle. » (Éphésiens 5:25)

Pourquoi ce malentendu persiste
Le rôle de chef est souvent associé au pouvoir décisionnel et aux privilèges, tandis que l'appel biblique au sacrifice de soi, à la maîtrise personnelle et à la responsabilité est négligé.

Clarification biblique
Le Christ exerce son autorité par l'amour désintéressé, non par la domination. Dans l'Écriture, plus l'autorité est grande, plus la responsabilité est lourde. Les limites ne s'opposent pas à l'autorité ; elles la protègent de toute distorsion.

Application concrète
Un mari prend des décisions unilatérales en invoquant son rôle de chef.

Correction appliquée
« Mon rôle implique d'écouter, de protéger et de mesurer l'impact de mes décisions sur notre relation. » Le leadership se fortifie par la responsabilisation.

6. La souffrance
Quand toute douleur est qualifiée de rédemptrice

« Nous savons que toutes choses concourent au bien de ceux qui aiment Dieu… » (Romains 8:28)

Pourquoi cette interprétation séduit
Parce que l'Écriture reconnaît la souffrance, certains concluent que toute douleur doit être endurée pour croître spirituellement. Cela conduit parfois à spiritualiser des cycles destructeurs qui ne produisent aucun fruit.

Clarification biblique
Dieu peut racheter la souffrance, mais Il ne glorifie pas la douleur inutile, répétitive et sans transformation. Jésus a guéri la souffrance ; Il ne l'a jamais institutionnalisée.

Application concrète
Un couple reste prisonnier des mêmes conflits pendant des années en affirmant : « Dieu est en train de nous apprendre quelque chose. »

Correction appliquée
« Si rien ne change, il ne s'agit pas de croissance. Chercher de l'aide est un acte de sagesse. » La rédemption implique la transformation.

7. « Protéger le nom du Christ »
Quand l'image remplace la vérité

« Vous connaîtrez la vérité, et la vérité vous rendra libres. » *(Jean 8:32)*

Pourquoi le silence est perçu comme fidélité

Beaucoup craignent que reconnaître leurs difficultés ne déshonore Dieu ou ne nuise à leur témoignage. Le silence devient alors une loyauté mal orientée.

Clarification biblique

Dans toute l'Écriture, Dieu est honoré par la vérité, l'intégrité et la justice, non par les apparences. Jésus a constamment dénoncé les faux-semblants religieux.

Application concrète

Un dirigeant cache des dysfonctionnements conjugaux pour préserver l'image de son ministère.

Correction appliquée

« Demander de l'aide honore davantage Dieu que maintenir une façade. » L'intégrité remplace la peur.

Déclaration finale de désintoxication

Les limites n'affaiblissent pas la foi.
Elles la rendent vivable.
La vérité ne détruit pas l'amour.
Elle le protège.
La sagesse n'annule pas l'obéissance.
Elle la complète.

CONCLUSION

Vivre pleinement, aimer bien

Arriver au terme de ce livre ne signifie pas que tout est désormais réglé, mais que quelque chose d'essentiel s'est éveillé. Une conscience nouvelle. Un regard plus lucide. Une capacité accrue à discerner ce qui nourrit la vie de ce qui l'épuise. Si vous avez cheminé avec honnêteté à travers ces pages, il est probable que vous ne regardiez plus les relations, la foi et même les Écritures de la même manière. Vous avez peut-être reconnu des comportements longtemps tolérés, des silences justifiés au nom de la paix, ou des croyances reçues comme intouchables simplement parce qu'elles étaient familières. Cette prise de conscience n'est pas une trahison spirituelle. Elle est souvent le signe d'une maturité en train de naître.

Ce livre n'a jamais cherché à opposer limites et amour, foi et sagesse, grâce et vérité. Il a voulu montrer qu'ils ne s'excluent pas, mais qu'ils se soutiennent. Les limites ne détruisent pas l'amour ; elles le protègent de ses déformations. Elles empêchent qu'il devienne contrôle, effacement de soi ou justification de la souffrance. Elles ne fragilisent pas la foi ; elles lui donnent une structure qui la rend durable. Elles ne contredisent pas le pardon ; elles l'inscrivent dans un cadre de vérité, de dignité et de responsabilité.

La « détox théologique » proposée au fil de ces chapitres a peut-être ébranlé certaines certitudes. Elle a pu déranger, bousculer, provoquer des résistances intérieures. Mais cette détox n'a jamais eu pour but de détruire. Elle vise à restaurer. À retirer ce qui s'est accumulé au fil du temps, interprétations partielles, injonctions implicites, peurs spirituellement maquillées, afin que l'essentiel puisse à nouveau circuler librement : la vie, la vérité, la liberté intérieure.

Vous n'avez jamais été appelés à endurer indéfiniment sans discernement. Vous n'avez jamais été invités à vous taire au détriment de la vérité. Vous n'avez jamais reçu pour mission de sacrifier votre identité, votre intégrité ou votre humanité pour prouver votre fidélité. L'amour biblique n'exige pas la disparition de soi ; il appelle à une relation juste, vivante et réciproque.

Des limites saines ouvrent la voie à une manière plus juste d'aimer. Une manière où la grâce ne nie pas la réalité, où le pardon ne supprime pas la responsabilité, et où l'engagement ne naît plus de la peur d'être rejeté, mais du choix libre d'aimer en vérité. Il est normal que l'établissement de ces limites soit inconfortable au départ. Elles rompent souvent avec des schémas anciens qui donnaient une illusion de sécurité. Mais avec le temps, la clarté remplace la confusion. La paix prend la place du ressentiment. Et l'amour devient plus léger, non parce qu'il est moins profond, mais parce qu'il est enfin aligné.

Que vos relations soient marquées par l'honnêteté et le respect. Que votre foi s'enracine dans la vérité et la sagesse. Et que votre vie reflète la plénitude voulue par Dieu dès le commencement.

Nombreuses sont les personnes sincères qui aiment profondément, pardonnent fidèlement et s'engagent avec ferveur, tout en se sentant intérieurement épuisées, désorientées, ou en ayant l'impression de se perdre peu à peu. Bien souvent, le problème ne réside ni dans un manque d'amour ni dans une faiblesse de foi, mais dans une compréhension incomplète, voire déformée, des limites.

Dans *Le pouvoir guérisseur des limites : Amour, foi et vérité sans se perdre*, le Dr Jean Héder Petit-Frère propose une réflexion profonde, empreinte de compassion et solidement enracinée dans la Bible et les principes du Royaume de Dieu. À travers une approche à la fois pastorale, théologique et profondément humaine, il montre comment des limites saines ne freinent pas l'amour, mais le protègent et lui permettent de demeurer vivant.

Ce livre aborde avec clarté les tensions que vivent de nombreux croyants : persévérance ou sagesse ? pardon ou responsabilité ? foi ou respect de soi ? Il offre des repères concrets pour sortir de la culpabilité spirituelle, des engagements destructeurs et des relations déséquilibrées, sans renoncer à l'amour ni à la fidélité.

Il ne s'agit pas d'un appel à se retirer des relations ou à rompre ses engagements, mais d'une invitation à aimer en vérité, sans peur, sans manipulation et sans s'effacer soi-même.

Que vous soyez marié(e), responsable d'une équipe, leader spirituel ou simplement en quête de clarté relationnelle, cet ouvrage vous aidera à redécouvrir une manière d'aimer qui honore Dieu, respecte l'autre et préserve votre intégrité.

L'amour n'a jamais été destiné à vous coûter votre identité.

Biographie de l'auteur

Jean Héder Petit-Frère est pasteur, leader apostolique, enseignant et auteur. Fort de près de quarante années d'expérience dans le ministère, il est reconnu pour une approche claire, équilibrée et profondément empreinte de compassion, centrée sur la Bible et les principes du Royaume de Dieu. Son enseignement met l'accent sur la foi vécue, la santé relationnelle et la croissance personnelle enracinée dans la vérité.

Fondateur de Shabach Ministries International, un ministère confessionnel à but non lucratif, il accompagne des églises, des familles et des responsables issus de diverses cultures et nations. Son apostolat vise à consolider les fondements spirituels, à rétablir l'équilibre dans les relations et à former des leaders capables de servir avec sagesse, dignité et maturité spirituelle.

Il est également le visionnaire du Kingdom Leadership Institute, un cadre de formation dédié aux leaders émergents et établis, qu'il équipe pour exercer leur appel avec intégrité, clarté et sens des responsabilités.

L'ouvrage Boundaries That Heal reflète à la fois son riche parcours pastoral et son engagement apostolique à réconcilier l'amour, la foi et la vérité, afin de favoriser des relations saines, équilibrées et porteuses de vie.

www.ingramcontent.com/pod-product-compliance
Lightning Source LLC
Chambersburg PA
CBHW070046120526
44589CB00035B/2330